TIME
MINDFULNESS

CRISTINA BENITO

TIME
MINDFULNESS

TOMA EL CONTROL DE TU TIEMPO Y VIVE
DE FORMA MÁS PRÓSPERA Y CREATIVA

Grijalbo

Papel certificado por el Forest Stewardship Council®

MIXTO
Papel procedente de
fuentes responsables
FSC
www.fsc.org   FSC® C117695

Primera edición: enero de 2020

© 2020, Cristina Benito
© 2020, Penguin Random House Grupo Editorial, S.A.U.
Travessera de Gràcia, 47-49. 08021 Barcelona

Printed in Spain — Impreso en España

ISBN: 978-84-17752-57-6
Depósito legal: B-22.488-2019

Compuesto en Ormobook
Impreso en Limpergraf
Barberà del Vallès (Barcelona)

DO 52576

Penguin
Random House
Grupo Editorial

Para Andrés y nuestro mundo libre de tiempo

ÍNDICE

3. MULTIPLICA TU TIEMPO

¿QUÉ ES EL TIME MINDFULNESS?

En una de sus primeras novelas, *La vida está en otra parte*, Milan Kundera narra la historia de un hombre que siente que se encuentra siempre en el lugar equivocado. Aunque no para de moverse, las cosas interesantes suceden allí donde él no está. ¿No será justamente ese no parar quieto lo que hace que ningún lugar ni momento sea el adecuado?

Cuando vives convencido de que la vida está en otra parte, sin darte cuenta apartas lo mejor de la existencia lejos de ti como para confirmar que tienes razón.

Algo parecido nos pasa con el tiempo. Muchas personas viven creyendo que no tienen tiempo, porque su vida es un constante saltar de una urgencia a otra, porque las obligaciones y compromisos les roban el día entero. Otras pueden estar convencidas de que «cualquier tiempo pasado fue mejor», y añoran una época que tal vez en su momento no supieron valorar. Otras sitúan el tiempo de calidad en un hipotético futuro, ya que solo podrán disfrutar de la vida si se dan determinadas condiciones: *cuando me jubile, cuando tenga dinero, cuando logre organizarme mejor* (sin duda, este libro te servirá para esto último).

Sea como sea, igual que le sucede al protagonista de Kundera, si el tiempo óptimo nunca es el que vives, tu tiempo para vivir estará siempre en otra parte. Y eso equivale a decir que el tiempo presente no tiene valor. Mientras vagues en la nostalgia o en el anhelo de lo que crees no tener, tu existencia será una triste sala de espera.

▪ En medio de la tormenta

Mi marido, el escritor Andrés Pascual, dice en sus conferencias que el tiempo adecuado, el momento de paz para hacer algo, no llegará nunca.

Hay que estar dispuesto a levantar nuestro sueño desde el caos, a trabajar en medio de la tormenta, si es necesario.

Todos los «cuando...», pero muy especialmente el «cuando tenga tiempo...», enmascaran nuestros miedos y nos condenan al infierno de la procrastinación. Esta palabra tan fea está definida en el diccionario como «el hábito de retrasar aquello que debemos atender, sustituyéndolo por actividades más irrelevantes».

Mientras creemos no tener tiempo para vivir la existencia que deseamos, se nos escapan miles de segundos, horas, días enteros surfeando aburridos por las redes sociales o viendo la televisión, entre otras muchas cosas que hacemos por inercia. Ponemos nuestras prioridades en *stand by*, pero, además de estas distracciones automáticas, acudimos a reuniones inútiles o aceptamos compromisos que no nos aportan nada.

¿Por qué, entonces, pensamos que nos falta tiempo, cuando dejamos pasar la vida tan a la ligera? ¿Con qué solución contamos para tantos «escapes» que perforan nuestra agenda como un colador, hasta dejarnos sin un momento de calidad para nosotros?

▪ Levanta el *stand by*

Con este libro vas a aprender a dar protagonismo a tus prioridades, eliminando los «ladrones de tiempo» que están siempre al acecho y desactivando las excusas que te llevan a aplazar lo que deberías estar haciendo.

Para ello, además de las técnicas que te brindaré en este manual, tendrás que hacer algo muy simple que al grueso de la humanidad le cuesta horrores: *tomar conciencia*.

El Time Mindfulness (TM) consiste justamente en eso, ser consciente del tiempo, lo cual implica:

- Decidir qué porción de tu jornada (o, al menos, de tu tiempo libre) quieres dedicar a las cosas verdaderamente importantes.
- Tapar las «fugas» por las que se escapan inútilmente las horas, con lo que se vacía tu depósito de tiempo disponible.

- Diseñar tu agenda no según lo que los demás reclaman de ti, sino de acuerdo con tus prioridades.
- Eliminar la procrastinación de tu día a día.
- Tomar descansos que, además de cargarte las pilas de buen humor, sean verdaderos oasis de creatividad.
- Aprender a multiplicar el valor de cada hora, evitando la dispersión e incorporando técnicas que aumentarán tu rendimiento.

Todo esto encontrarás en este programa pionero de TM, que se apoya en una verdad muchas veces negada: *tu tiempo es tuyo*. Tal vez vendas una parte a cambio de un sueldo, y de eso vamos a hablar también, pero el resto no le pertenece a nadie más que a ti.

Puesto que el tiempo son los raíles por los que circula el tren de nuestra vida, vamos a aprender a disfrutar del viaje.

Al tomar conciencia de tu tiempo, empezarás a darle el valor que merece. Cada hora tuya será preciosa porque, como cantaban los Rolling Stones ya en 1964, «el tiempo está de tu parte».

Estoy segura de que las horas que vas a dedicar a leer este libro serán una inversión muy rentable, ya que muy pronto, en lugar de ir contra reloj, vas a hacer del reloj —y de tu agenda— tu mejor aliado para vivir la vida que deseas.

Cristina Benito

1
TRABA AMISTAD
CON EL TIEMPO

TU CEREBRO Y EL TIEMPO
El reloj interior cuenta las experiencias

Dicen que si quieres poner nervioso a un físico no tienes más que preguntarle qué es el tiempo. Para Newton, el tiempo era una magnitud física y objetiva, algo que se mueve y fluye siempre hacia delante, como si de un gran reloj cósmico se tratase. Para Einstein era subjetivo, pues depende de la velocidad a la que nos movemos en el espacio. Según el genio alemán, el tiempo fluye incluso de manera personal:

«Siéntate sobre una plancha caliente durante un minuto, y te parecerá una hora. Siéntate junto a una chica hermosa durante una hora, y te parecerá un minuto: he ahí la teoría de la relatividad».

Para la física cuántica, todas las posibilidades conviven en un mismo instante.

Lo importante, más allá de lo que sea el tiempo, es *decidir qué hacemos con él*. El tiempo es un regalo que se nos ha concedido y debemos estar a la altura y aprovecharlo como merece para sacar lo mejor de nosotros mismos.

Kronos y kairós

En la antigua Grecia se utilizaban dos palabras para definir el tiempo: *kronos* y *kairós*. La primera se refería al tiempo medible, entendido como una secuencia cuantitativa. Por eso utilizamos esta raíz para «cronómetro», «cronología» y otros términos que miden la cantidad de tiempo.

El acierto de los griegos fue crear otra palabra más, *kairós*, referida a la calidad del tiempo. Sabían que los seres humanos tenemos la capacidad y la responsabilidad de dotar a cada instante de la máxima calidad.

Como dice el escritor y conferenciante Álex Rovira, un beso dura pocos segundos, pero puede marcar el signo de una vida, al igual que un abrazo, una palabra amable o un gesto de entrega. *Kairós* equivale a estar en este preciso momento, a sentirte en sintonía con el mundo, alineado para hacer cualquier cosa que te propongas. Es alcanzar la plenitud aquí y ahora.

Pero para ello hay que saber vivir en el presente.

Muchas veces el pasado nos impide avanzar. Si fue triste, por la pena o la rabia que sentimos; si fue bonito, por la nostalgia. Y lo mismo pasa con el futuro. Nos preocupamos por cosas terribles que todavía no han ocurrido o nos desesperamos porque no llega ese futuro idílico que deseamos. En ambos casos, nos bloqueamos y no actuamos para que el presente sea mejor.

No podemos disfrutar de lo que sucede en este preciso —y maravilloso— instante.

Tal como afirma el zen, el pasado no existe, todo lo que ha ocurrido te ha traído hasta este momento en el que estás ahora. El futuro tampoco existe, serás tú mismo el que lo construyas con tus actos del presente, aprovechando tu tiempo como es debido.

Vivir sin tiempo

Los amondawa, una tribu de la Amazonia brasileña con la que se estableció contacto por primera vez en 1986, no conciben el tiempo.

El profesor Chris Sinha, de la Universidad de Portsmouth, que convivió con ellos y estudió su lenguaje, explica que no consideran el tiempo como algo que se puede medir o contar, o de lo que hablar de manera abstracta.

No tienen palabras ni para el tiempo ni para sus divisiones o medidas, como día, mes o año. Tampoco para la próxima semana o para el año pasado. Solo para las divisiones entre día y noche y las estaciones lluviosas y secas. Ni siquiera cuentan su propia edad. Tienen distintos nombres en las diferentes etapas de su vida o según el estatus que van adquiriendo en la tribu. Por ejemplo, un niño pequeño cede su nombre a su hermano recién nacido y él recibe uno nuevo.

Según Sinha, nosotros pensamos en el tiempo como una cosa. Decimos «el fin de semana vuela», «los exámenes están cerca», «no tengo tiempo»... Y creemos que tales declaraciones son objetivas, cuando no son sino metáforas que hemos creado y que, sin darnos cuenta, han terminado convirtiéndose en nuestra forma de pensar, robándonos la libertad de la que todavía disfrutan los amondawa.

■ Nuestro reloj de experiencias

Hace cinco años, un grupo de científicos de la Universidad Noruega de Ciencia y Tecnología recibieron el Premio Nobel de Fisiología y Medicina por haber descubierto nuestro GPS cerebral; o, dicho de un modo un poco más técnico, un conjunto de células que habitan en la corteza entorrinal media y conforman un sistema de coordenadas que nos permite entender cuál es nuestra situación en el espacio.

Gracias al trabajo de esas células, entiendo el «dónde». Pero ¿qué hay del «cuándo»?, debieron de preguntarse los doctores escandinavos. ¿Cómo sé en qué momento me encuentro, si ha pasado una hora, un año, mucho o poco tiempo desde este o aquel evento? Y, ya que habían descubierto un sistema neuronal para ordenar el espacio, siguieron investigando hasta dar con el que mide el tiempo, que por cierto está situado muy cerquita del anterior, en la corteza entorrinal lateral.

Como ocurre tantas veces en la ciencia, y en la vida en general, lo que de primeras parecía un fracaso, los condujo al éxito del experimento. Y es que cuando estaban a punto de abandonarlo porque el comportamiento de las células estudiadas no respondía a patrones fijos —más bien era un auténtico caos—, se dieron cuenta de que era así porque el tiempo es algo que varía a cada instante y en cada persona.

Como dice el investigador: «la red neuronal mide un tiempo subjetivo derivado del flujo continuo de la experiencia». Esto es, se trata de un reloj especial que registra el tiempo asociado a cada una de las experiencias que vivimos. Por eso, dependiendo de cuál sea nuestro estado mental y nuestras circunstancias, nos da la sensación de que el tiempo pasa más rápido o más lento, como en el ejemplo puesto por Einstein.

Esta tesis científica no se diferencia mucho de lo que proponían los grandes filósofos: «No midas el tiempo en horas o días, mídelo en acciones y en satisfacción». Estas son las únicas agujas que verdaderamente tienen importancia en tu vida y que tendrán incidencia en la de los demás.

■ Los minutos divertidos duran menos

El investigador Hudson Hoagland descubrió, gracias a la gripe que sufría su esposa, que la fiebre alta afecta a nuestra estimación del tiempo. Mientras estaba enferma se le hacían larguísimos los minutos que él pasaba fuera de casa, y no era solo porque le echaba de menos. Numerosos estudios han corroborado que, cuando sube la temperatura corporal, nuestro cerebro percibe que ha pasado más tiempo del que objetivamente ha transcurrido.

También las emociones fuertes pueden distorsionar la percepción del tiempo. Y si no que se lo digan a los participantes de un experimento del conocido divulgador científico David Eagleman: a unos valientes que saltaron de una altura de quince pisos a una red, los tres segundos que duraba la caída les parecieron nueve. O a esas personas que sufren un accidente y creen verlo todo a cámara lenta. La amígdala cerebral interviene ante situaciones de miedo o pánico alterando nuestro tictac interno.

Si llegamos tarde a trabajar, los mismos cinco minutos que pasamos cada día en el andén del metro nos parecerán una hora. Las esperas de los resultados médicos se hacen eternas, mientras que las tardes en que disfrutamos de nuestras amigas y sus confidencias vuelan.

Las expectativas también influyen en nuestra percepción del tiempo. Y, si no, piensa en el efecto «viaje de vuelta». «¿Cuánto queda?»: Seguro que te suena esta pregunta, más habitual en los viajes de ida, que siempre parecen más largos, aunque tengan los mismos kilómetros que los de vuelta.

Como explica el psicólogo Niels Van de Ven, los viajes nuevos nos generan nerviosismo y cierta ansiedad debido a las expectativas puestas en ellos, lo cual activa nuestro sistema nervioso simpático haciendo que percibamos el tiempo de forma más dilatada. Justo lo contrario de lo que ocurre al regresar. Nuestra expectativa es: «va a durar mucho tiempo otra vez», y paradójicamente se nos hace más corto.

¿Qué podemos extraer de todo esto a efectos prácticos? Ni más ni menos que una certeza: *nuestro cerebro tiene control sobre cómo experimentamos el tiempo.*

Como veremos a lo largo de este libro, si conseguimos vencer el estrés y las inercias vacías, dejaremos de ser esclavos del reloj para convertirnos en los dueños de nuestro tiempo.

■ Mindfulness para una vida larga y plena

Cuando miramos hacia atrás en nuestra vida, aunque los minutos disfrutados y bien aprovechados se nos hicieron cortísimos por lo bien que lo estábamos pasando, son estos momentos los que dotan de sentido a nuestra existencia.

Podemos completar, entonces, el título del apartado anterior diciendo que *los minutos divertidos duran menos, pero estiran la vida.* Porque, si nos dejamos llevar por la rutina, el día a día se hará tediosamente eterno y, de forma paradójica, nos dejará la sensación de que la vida pasa sin enterarnos. Una sensación que nos sume en un destructivo estado de apatía que resulta del todo contrario al TM.

La ciencia ha demostrado que el mindfulness —cultivar la atención plena y estar centrado en el aquí y el ahora—, entre otros muchos beneficios, aporta serenidad y mejora la memoria. Nuestros cerebros almacenan más información de los eventos que vivimos, sean grandes o pequeños, y ello nos hace percibir el transcurso del tiempo de forma más pausada.

Por el contrario, estar distraídos en la rutina nos crea la desagradable sensación de que el tiempo vuela, de que estamos tirando a la basura, literalmente, nuestra vida.

▪ Vive las cosas como si fuera la primera vez

Maximilian Kiener, un diseñador austríaco de quien te recomiendo su precioso proyecto *Why Time Flies* —«Por qué el tiempo vuela»—, que puedes experimentar gratuitamente en su página web, explica la percepción del tiempo a partir de las teorías del filosofo francés Paul Janet.

En su primer año de vida, un niño está constantemente recibiendo nuevos estímulos, descubriendo y experimentando. Para él, un año, o incluso un mes, es casi una eternidad.

Del mismo modo, la primera semana de un largo viaje a un país desconocido, en el que recibimos mucha información nueva, nos parecerá mucho más larga que las siguientes. Esto explica por qué cuando regresas a un lugar que fue especial en tu infancia te parece más pequeño, y es porque a ese lugar le han seguido muchos otros y, además, ya no lo estás descubriendo por primera vez.

En la infancia vivimos el presente con plenitud, dado que todo es nuevo para nosotros. Pero a medida que envejecemos, nuestras vidas se llenan de actividades repetitivas, empezamos a vivir anclados en el pasado o proyectándonos en el futuro... y el presente se nos va.

Siendo así, podría decirse que *el TM es cosa de niños*. ¡Bienvenida esta definición entonces! Recuperemos la capacidad de percibir cada minuto como una eternidad llena de posibilidades.

▪ Cómo hacer que tu día dure más tiempo

Thorin Klosowski, especialista en tecnología aplicada al bienestar, dice: «Es sorprendente la cantidad de experiencias nuevas que se presentan a lo largo del día simplemente con prestar algo de atención».

Él se fijó como propósito de año nuevo *hacer una cosa nueva cada semana* que le sacase del piloto automático: ir a una conferencia, tomar la palabra en un evento, escribir sobre cosas que le daba miedo afrontar...

Es bien sabido que *la zona de confort es más una cárcel que un refugio*. Nos atamos a lo conocido, vamos reduciendo nuestras «primeras veces» y el tiempo avanza disparado.

Diciendo sí a las nuevas experiencias, además de crecer como personas, acumulamos nuevas memorias que cambian la percepción subjetiva del tiempo. Al exprimir nuestros días, semanas o meses, estos parecen durar más, enriqueciendo nuestro *kairós*. En lugar de angustiarse por el inevitable paso del tiempo, el cerebro se dispone a aprovechar cada experiencia al máximo.

Para cerrar este capítulo, te propongo una serie de trucos con los que puedes engañar a tu mente para que tus días te parezcan tan largos como a los niños.

1. *Da un paseo por un barrio diferente.* Cuando visitas un nuevo entorno —y no hace falta saltar a otro continente—, tu cerebro absorbe caudales de nueva información que entra por los cinco sentidos. Curiosamente, esto te hará percibir el tiempo de forma más pausada, generándote una sensación de relax.

2. *Conoce gente nueva.* Variar en las relaciones personales también activa tu cerebro y ralentiza el reloj. Cada «fichaje» llega con historias distintas, así como con una diferente visión del mundo que enriquecerá la tuya.

3. *Mueve tu oficina.* Si eres autónomo, prueba a trabajar de vez en cuando en oficinas improvisadas como una cafetería o un parque. Practícalo también con las actividades de tu tiempo de ocio que exigen estar sentado a una mesa o en un sofá, como pueden ser leer o aprender un idioma.

4. *Alimenta tu curiosidad.* Esta idea resume todas las anteriores. El afán por saber más, por aprender, ya sea profesionalmente o en cualquier disciplina vital, es la característica principal de los niños y la virtud que estira sus días como una goma elástica. ¡Dota a tu tiempo de la calidad que merece!

UN POCO DE SÍNTESIS

- Más importante que la cantidad de tiempo es la calidad de este.

- Los minutos de felicidad parecen durar menos, pero persisten largo tiempo en la memoria y dotan de sentido a la vida.

- Cultivar la atención plena estira el tiempo, porque lo vivimos más lentamente y con mayor profundidad.

- Experimentar el mundo con los ojos de un niño nos instala casi en la eternidad.

EL RELOJ DE NUESTRA VIDA

No todo puede medirse

Cuando tuve mi primer reloj de pulsera, me creí mayor e importante, con ocupaciones y cosas que hacer. Tenía una correa de cuero marrón y una esfera pequeñita color crema con el 12, el 3, el 6 y el 9 marcados. Para mi primera comunión me regalaron un reloj digital Casio. También recuerdo el reloj de oro que le entregaron a mi tía Angelines cuando se jubiló. En cambio, lo primero que hacía mi madre cuando íbamos a la casa del pueblo donde pasábamos los veranos era quitarse su reloj de pulsera y meterlo en una jarra de cerámica.

Nos hemos acostumbrado a mirar la hora constantemente, y casi siempre para ver el tiempo que nos queda: para terminar algo, para llegar a algún sitio...Aunque hoy en día mucha gente usa el móvil para consultar la hora, vivimos ligados a un reloj como el de arena que le entregó la malvada Bruja del Oeste a Dorothy en *El mago de Oz*, anunciándole su última hora de vida.

¿Cómo no vamos a vivir angustiados por la falta de tiempo?

Lo queramos o no, el reloj —allí donde esté— condiciona nuestra vida. Y en lo que se refiere a la gestión del tiempo, al igual que nuestra mente, puede ser un aliado o un terrible enemigo.

▪ Cuando el tiempo se olía

El primer sistema para medir el tiempo, hace cinco mil o seis mil años, nos ayudó a organizarnos. Habíamos dejado de ser nómadas y necesitábamos ordenar la sociedad y convocar las reuniones de vecinos de la época. Desde entonces, hemos utilizado los más variados métodos para controlar el tiempo.

Los egipcios colocaban obeliscos para marcar el mediodía. Más tarde crearon los relojes de sol, que ya señalaban todas las horas, pero presentaban muchos inconvenientes: no funcionaban por la noche, ni en días nublados, y la duración de las horas variaba según la época del año.

En Grecia y Roma, para medir la duración de las guardias y de los turnos de intervención en los tribunales, se utilizaba un cronómetro de agua llamado *clepsidra*, lo que se traduce como «ladrón de tiempo».

En China y Japón, el tiempo se olía: las barras de incienso marcaban la duración de la visita de una *geisha* o de la meditación en el templo. Algunas barras contaban incluso con alarma: se les ataba una campanilla para que resonara una vez consumido el lapso establecido. Así que el tiempo también empezaba a oírse.

Los primeros relojes mecánicos se instalaron en los monasterios durante la Edad Media. Todavía sin agujas ni esferas, consistían en un sistema de pesos, muelles y campanas que daban las horas. Hasta entonces, durante las vigilias se habían utilizado velas a las que hacían marcas, pero el *ora et labora* requería de una hora más precisa para no sobreponer los maitines a los laudes, vísperas o completas.

También fueron útiles a mercaderes y artesanos para organizar sus horarios comerciales, por lo que debían ser grandes y estar bien altos.

Y, finalmente, a los relojes se les añadieron las agujas. Los péndulos se hicieron más ligeros y surgió el minutero. De ahí en adelante, con la Revolución industrial llegó la producción masiva: la gente podía tener en casa un artefacto que marcaba las horas. Este podía ser de mesa, de bolsillo... y de pulsera, como el que mi madre metía en la jarra.

Al principio, sin embargo, cabe pensar que el uso que se hacía de los relojes personales era más inteligente de lo que es habitual ahora. Sabemos por crónicas de la época que los primeros usuarios se retiraban a una sala para mirar la hora, pues no estaba bien visto hacerlo. Todavía hoy, el protocolo dicta que es mejor acudir a las ceremonias sin reloj. Déjalo en casa y disfruta del evento, te dirá un buen anfitrión.

En la actualidad, los relojes analógicos parecen tener sus días contados. En los colegios británicos ya están siendo sustituidos por digitales porque, en los exámenes, los niños no hacen más que preguntar cuánto tiempo les queda para finalizarlo, ya que no entienden eso que está colgado en la pared.

Ha llegado el momento de enseñarles, en esos colegios y en todos los demás, a trabar amistad con el tiempo para vivir de forma más próspera, serena y creativa. Milenios atrás observábamos el movimiento de los planetas y los astros en el cielo para medirlo. Pero ¿sabes lo que piensan las estrellas? Que los fugaces somos nosotros.

Casio: cinco valores para alcanzar el éxito

Esta compañía japonesa creó el primer reloj digital en los años setenta. Poco a poco fueron incorporando luz, alarma, cronómetro... Los actuales relojes inteligentes ofrecen mucho más, pero la historia del éxito de Casio, una empresa de calculadoras que se supo diversificar, siempre será considerada un ejemplo a seguir.

Estos son los cinco valores que la inspiraron, todos ellos presentes en la cultura japonesa:

Fiabilidad. Para dar siempre la hora correcta, hay que invertir esfuerzo. Entrégate a tus proyectos con la misma fe y determinación que los nipones demostraron tras la Segunda Guerra Mundial y el «milagro» llegará por sí mismo.

Resistencia. Vuelve a levantarte después de cada caída. A los japoneses se los educa en la exigencia, la responsabilidad y la superación personal. La misma que demuestran los relojes Casio, cuyos materiales resisten cuando se sumergen en el agua, a los golpes (en un anuncio los arrojaban desde lo alto de un rascacielos) y, como demuestra el actual revival, también al paso del tiempo.

Flexibilidad. Como el junco japonés, además de resistencia hay que tener flexibilidad. Los nipones se adaptan, son respetuosos, evitan ocasionar molestias o entablar debates polémicos que enturbien la buena convivencia. Casio triunfó por crear relojes que se adaptaban a todo tipo de clientes y situaciones.

Tecnología. La apuesta por la innovación fue clave para la recuperación económica del país y para el éxito de sus empresas.

Diseño. El estilo japonés se caracteriza por combinar elementos tradicionales con otros más vanguardistas. Esta hibridación podemos aplicarla también a nuestra vida, mezclando la sabiduría tradicional con las nuevas tendencias.

▪ Los relojes parados aciertan dos veces

Si bien no todos los países se han puesto de acuerdo en cuanto a la medición del peso o de la distancia, sí que hay unanimidad en lo referente al tiempo. Durante el día, la Tierra hace una rotación completa sobre su eje. Un mes, 29 días y medio, es un ciclo completo de la luna. Y algo más de 364 días es la duración del viaje de la Tierra por su órbita alrededor del Sol. Como cada año sobran unas seis horas, cada cuatro tenemos un año bisiesto.

Lo que no está tan claro es el porqué de las 24 horas. Parece que los egipcios heredaron el sistema duodecimal de los sumerios, que utilizaban el dedo pulgar para contar las falanges de los otros cuatro dedos: tres en cada dedo, doce en cada mano, veinticuatro horas en total.

Fueron los astrónomos griegos los que, siguiendo el sistema sexagesimal, dividieron las horas en 60 minutos y estos en 60 segundos. Tal vez fue porque se trata de un número que facilita mucho los cálculos al ser divisible entre 2, 3, 6, 10, 12, 15, 20 y 30.

Todos los relojes del mundo se ajustan según un tiempo estándar de referencia universal (UTC) basado en relojes atómicos, extremadamente precisos y siempre pendientes además de la referencia solar. De hecho, la velocidad de rotación de la Tierra presenta perturbaciones que deben ser compensadas de vez en cuando añadiendo algún segundo adicional o bisiesto para mantener a los relojes en sintonía (desde 1972, momento en el que comenzamos a contar con la referencia UTC, ha ocurrido en veintisiete ocasiones). Si no añadiésemos estos segundos, en el año 2100 estaríamos entre dos y tres minutos fuera de sintonía con la posición del Sol.

No hay problema si se tiene que ir corrigiendo. Como dice Woody Allen: «Todos nos equivocamos, pero hasta un reloj parado acierta dos veces al día».

▪ Todo lo que puedes hacer en un minuto

Al leer lo de los descuadres de minutos, tal vez hayas pensado: «Pues no es para tanto». Pero ¿te has parado a reflexionar alguna vez en todas las cosas maravillosas que pueden hacerse en un minuto?

- Recordarle a una persona cuánto la quieres.
- Hacer unas respiraciones de yoga para sentirte mejor.
- Disfrutar de una copa de rioja (el vino de mi tierra).
- Alumbrar una gran idea o, cuando menos, un pensamiento positivo.
- Dar a un amigo el abrazo que necesita.
- Recibir un minuto seguido de besos de tus sobrinas.
- Mandar un whatsapp pidiendo disculpas por algo que no hiciste bien.
- Mandar otro para dar las gracias.

No desprecies ninguno de los minutos del reloj. Todos ellos son igual de importantes. Recuerda siempre que cuando dedicas un minuto a una cosa, dejas de dedicarlo a otra. Y ese minuto no volverá nunca.

Esto es time mindfulness.

Kalpa, la mayor medida de tiempo jamás conocida

Un *kalpa* dura tantísimo (4.320 millones de años para el hinduismo, 1,28 billones para el budismo) que cuando Buda quería describírselo a sus discípulos necesitaba acudir a analogías:

1. Imagina una montaña de diminutas semillas de mostaza. Un *kalpa* sería el tiempo que tardaría en agotarse si un ser celestial bajase una vez cada tres años a llevarse una de esas semillas.

2. Imagina una montaña diez kilómetros cúbicos. Un *kalpa* sería el tiempo que tardaría en desaparecer si un ser celestial la rozara una vez cada tres años con la punta de la manga de su vestido de seda.

3. Imagina el agua de todos los océanos. Un *kalpa* sería el tiempo que tardaría en secarse si un ser celestial descendiera una vez cada tres años para humedecer un pincel.

Esta forma oriental de entender el tiempo como algo efectivamente infinito contrasta con la más generalizada en Occidente, donde nos obsesiona llenar los días, las horas y los minutos.

■ Todos los blancos tenéis un reloj, pero ninguno tenéis tiempo

Mi marido publicó en 2015 un libro de crecimiento personal llamado *El viaje de tu vida*, un cuaderno de bitácora de los diez viajes que más nos habían marcado después de más de dos décadas de recorrer juntos el mundo. La escala de Etiopía llevaba por título «Tira tu reloj y recupera tu tiempo».

Fue en aquel país tan desconocido como fascinante, allá por 2002, cuando ambos nos planteamos por vez primera la necesidad de liberarnos de la tiranía del reloj.

En este capítulo contaba cómo el jefe de una tribu hamer, con la que habíamos pasado la noche, nos invitó a participar en una fiesta tradicional que iba a celebrarse al día siguiente. Recuerdo que sacamos un folio con nuestro plan de viaje apuntado a bolígrafo y le explicamos que lo sentíamos, pero teníamos que continuar adelante. El anciano nos miró fijamente y sentenció:

—Todos los blancos tenéis un reloj, pero ninguno tenéis tiempo.

Salimos de la choza dándole vueltas a aquella frase. Tenía razón. Los occidentales nos empeñamos en acotar el tiempo en segmentos cada vez más pequeños: siglos, años, días, horas, minutos, segundos…, y nos obligamos a llenarlos y a seguir su ritmo. Damos por hecho que el tiempo tiene existencia en sí mismo, que esas manecillas están ahí desde el principio de la eternidad y que los seres humanos estamos condenados a vivir al compás que nos marcan.

El sol había empezado a bajar, pero aún hacía calor. Amanecer, atardecer… Comprendimos que ese era el único reloj de los miembros de aquella tribu. Para ellos la vida se dividía en momentos marcados por los hechos que realmente ocurrían. El tiempo solo existía cuando ellos lo hacían existir. Cada uno marcaba el ritmo a base de actuar más, de vivir más.

En aquella tribu no decían «hace dos años» o «hace diez años»; decían: «cuando este guerrero pasó el ritual del salto de los bueyes» o «cuando entre todos abrimos el pozo en plena sequía». Por ello respetaban tanto a los ancianos, porque habían vivido más cosas que los jóvenes (al contrario de lo que diríamos nosotros: ¡a los viejos no les queda tiempo!).

Volvimos a la choza para decirle al anciano que nos quedábamos a pasar el día siguiente, y todos los que fueran necesarios. Entonces nos fijamos en que el adorno que llevaba en la frente, colgando de la cinta que rodeaba su cabeza, era media correa metálica de reloj. Alguien se lo habría regalado y él había arrancado la esfera —que desde entonces estaría en el fondo del río Omo— y se había colocado unos cuantos eslabones de acero inoxidable de adorno.

Yo no voy a recomendarte que tires tu reloj a la basura. Pero sí te daré, a lo largo de los capítulos que siguen, algunas claves para usarlo como es debido y para que recuperes tu tiempo.

UN POCO DE SÍNTESIS

- Un reloj puede ser un dispositivo muy útil o un instrumento que nos encadena.

- Antiguamente, la etiqueta marcaba que para mirar la hora es mejor retirarse a otra sala, un buen hábito que deberíamos recuperar.

- No hay que desperdiciar ni un minuto, ya que es un tiempo que se puede emplear de forma maravillosa.

- Mejor que tener un reloj de oro y brillantes es tener tiempo.

POR QUÉ EL TIEMPO ES SERENIDAD

Vísteme despacio que tengo prisa

El tiempo es los raíles por los que circula el tren de nuestra vida. Si las vías están cuidadas y el trazado está bien pensado, nuestros días fluirán con ligereza, casi como si no tocáramos el suelo.

Si dejamos de cuidar las vías, permitiendo que se oxiden, o las llenamos de bifurcaciones y cruces, nuestro tren no llegará a ningún sitio, y es posible incluso que descarrile o choque contra otros trenes.

Algo así sucede con las personas que no tienen control alguno sobre su agenda.

Estas personas llenan sus jornadas de caos, lo que acaba perjudicando a los demás, y van siempre contrarreloj. Se les solapan las obligaciones y van corriendo de una urgencia a la siguiente; a veces invierten mucho tiempo en actividades secundarias y luego les faltan horas para hacer lo esencial.

Agotadas, viven navegando por el desorden y se quejan de que no pueden con todo. La vida las supera.

Todo eso tiene remedio si se aplica el TM, pero, antes de explicar en qué consiste, veamos qué sucede cuando nos empeñamos en vivir sin tomar el control de nuestro tiempo.

■ La vida sin time mindfulness

Una mala administración del tiempo dificulta nuestra vida y la llena de caos y crispación. Esto se traduce en un permanente estado de tensión y provisionalidad que acaba minando los nervios y la propia salud del cuerpo.

Detrás de muchos cuadros de estrés crónico, trastornos de ansiedad y enfermedades relacionadas, como úlceras o problemas cardiovasculares, hay una pésima gestión del tiempo que nos obliga a estar en alerta permanentemente y nos produce una sensación de agotamiento.

El hecho de no saber organizar nuestro tiempo conlleva:

- *Correr siempre de un lado para otro.* La persona sin TM se encuentra en una constante carrera de obstáculos, porque la desorganización hace que tenga que buscar soluciones de última hora, que no suelen ser las mejores. Eso implica un mayor gasto de energía y a menudo también económico, como veremos en el siguiente capítulo.
- *Improvisar a la fuerza.* Si no tenemos control sobre nuestro tiempo, acarrearemos el estrés de tener que decidirlo todo sobre la marcha. Por ejemplo, al no haber reservado con tiempo el restaurante idóneo para una cena importante, tendrás que conformarte con opciones peores, lo que supondrá además invertir un tiempo extra en esa búsqueda de última hora.
- *Llegar tarde (o incluso no llegar).* La falta de TM hace que pongamos en la agenda más cosas de las que podemos hacer, con el consiguiente agobio. Eso cuando no olvidamos directamente los compromisos adquiridos. Como consecuencia, llegamos tarde a todas partes o tenemos que cancelar citas, lo cual es una molestia para los demás y para uno mismo, ya que habrá que buscar un nuevo hueco en la agenda, lo cual supone de nuevo invertir más tiempo.
- *Restar horas de descanso.* Todo el mundo lo ha vivido alguna vez en su época de estudiante. Pese a tener buenas intenciones, la hora del estudio se va aplazando y al final te encuentras la noche antes del examen delante de una pila de apuntes y con los nervios a flor de piel. Los resultados no acostumbran a ser los mejores —con suerte, salvas los muebles con un aprobado— y la maratón de última hora pasa factura al cuerpo. Especialmente en la madurez, robar horas al sueño por culpa de nuestra desorganización puede resultar letal.

Un suicidio biológico

Carlos Egea, neumólogo del hospital Vithas San José de Vitoria, miembro de la Sociedad Española del Sueño, afirma que dormir menos de seis horas al día es un suicidio biológico. «Robar» horas al descanso para cumplir con lo que deberíamos haber hecho durante la vigilia es un negocio altamente peligroso ya que, según este reputado médico, «dormir menos de seis horas eleva un 30 por ciento el riesgo coronario». Además de poner en peligro la vida —muchos accidentes de tráfico tienen su origen en un microsueño causado por la falta de descanso—, la privación de sueño afecta a la concentración en el trabajo, con lo que se multiplican los errores, y los órganos pierden la capacidad de recuperarse.

▪ La vida con time mindfulness

Einstein decía que «la única razón para que el tiempo exista es para que no ocurra todo a la vez». Y, ciertamente, esa es la finalidad del uso inteligente del reloj: en lugar de correr como condenados, sintiendo que se nos viene el mundo encima, poder disfrutar del paisaje desde el tren.

La buena gestión del tiempo, cuando seguimos nuestras prioridades y hacemos una cosa después de la otra, trae de forma natural la serenidad. Nos aporta una agradable sensación de control sobre nuestra propia existencia.

Lo contrario a la aceleración, el *multitasking* y el ir poniendo parches sería un estilo de vida que podría desarrollarse así:

- Te levantas un poco antes de lo necesario, con tiempo suficiente para no empezar el día corriendo.
- Tras tu ritual matutino —ejercicio, meditación, un poco de lectura—, dispones de tiempo para desayunar con calma, planificando los objetivos principales del día.

- Sales a la calle con margen para no tener que apresurarte. Puedes permitirte hacer parte del camino a pie y fijarte en el mundo que te rodea. No te desgastas actualizando las redes sociales en tu ruta.
- Una vez en tu lugar de trabajo, te concentras en tu labor, sin otras distracciones, para fluir con lo que haces y tener tu tarea al día. Así evitarás salir más tarde.
- Aprovechas la hora de comer para charlar con amigos o poner al día tus redes, si es necesario.
- Dedicas la tarde —o el tiempo libre de la jornada— para hacer lo que realmente te apetece, sin compromisos innecesarios. Si quedas con un amigo, es porque realmente te apetece el encuentro.
- En lugar de anestesiarte una noche tras otra con series o frente a la pantalla, aprovechas tu tiempo para cocinar, charlar con tu familia, repasar los hitos del día.
- Tomas nota de lo que ha dado de sí la jornada y lo que puede hacerse mejor la jornada siguiente.
- Un poco de lectura en papel, u otra actividad relajante, será una buena forma de preparar tu cuerpo para el sueño.
- Duermes las horas necesarias —nunca menos de siete u ocho— para poder afrontar la mañana siguiente con energía y el foco puesto en los objetivos.

Para poder vivir con esta clase de serenidad, hay que aprender a extraer su jugo a cada momento. En las partes segunda y tercera de este libro veremos trucos y técnicas para lograrlo.

▪ El hombre tranquilo

El gran maestro de la serenidad, Ramana Maharshi, era además un auténtico experto en el manejo del tiempo.

De este gurú indio del siglo pasado se cuenta que emanaba tal sosiego y paz que, al estar en su presencia, sus visitantes también entraban en un estado de profunda meditación y calma. A él se le atribuye la frase: «¿Es necesario que te muestren el camino en el interior de tu propia casa?».

Su discípulo y biógrafo Arthur Osborne, al hablar de los hábitos cotidianos de este sabio, hace alusión al respeto que tenía por su tiempo y por el de los demás:

> Bhagavan Sri Ramana fue meticulosamente exacto, muy atento, práctico y de gran humor. Su vida diaria fue conducida con una puntualidad que los indios de hoy tendrían que llamar occidental puro. En todo fue preciso y ordenado. La sala del *ashram* se barría varias veces al día. Los libros estaban siempre en sus lugares. Las telas que cubrían el sofá estaban escrupulosamente limpias y bellamente dobladas. El taparrabos, que era todo lo que llevaba, era de un blanco resplandeciente. Los dos relojes en el salón se ajustaban diariamente al tiempo de la radio. Al calendario nunca se le permitió quedarse atrás de la fecha. La rutina de la vida fluía de manera regular.

Sri Ramana también era estricto con sus discípulos, insistiendo en que cumplieran con sus tareas puntualmente.

▪ El monasterio en casa

Sin necesidad de vivir en un *ashram* o en un monasterio zen, podemos aplicar este orden que proporciona serenidad a la vida cotidiana.

Nuestra mente, que rumia de forma constante, y nuestro entorno a menudo nos conducen al desasosiego. Integrar estas prácticas te ayudará a preservar la calma:

- *Mantén la casa limpia y ordenada.* El desorden y la acumulación en nuestro espacio son reflejo de una mente desordenada. En este sentido no es casual que los spas sean zonas limpias y prácticamente vacías.
- *Practica el minimalismo.* Tener pocas cosas contribuye a ahorrar dinero, y lo mismo sucede con el tiempo. Un estudio de Harvard ha demostrado que un entorno de trabajo limpio y despejado resulta mucho más productivo que uno lleno de objetos y archivos. Si quie-

res mejorar tu concentración, tratar de eliminar la mayor cantidad de cosas de tu área de trabajo.

- *Limita los excitantes.* El café, el té y las bebidas energéticas puede que te mantengan activo por unas horas, pero si te ponen nervioso o irritable no gozarás de un tiempo de serenidad ni de calidad.
- *Aleja el* spam *de tu mente.* No solo hay que poner atención a cómo alimentamos al cuerpo, sino también a cómo nutrimos a nuestra mente. Por eso es importante ver y leer cosas con un mensaje optimista o formativo. No malgastes tu valioso tiempo libre llenando tu mente de basura.
- *Báñate de silencio.* De vez en cuando, conviene dar un descanso a la mente, pasando un tiempo sin tele, auriculares ni nada que genere sonido. Si te produce incomodidad, puede ser señal de que algo no funciona en tu vida, y el silencio te ayudará a descubrirlo.
- *Elige compañías que te relajen.* Hay personas que promueven los conflictos, que siempre se están quejando o haciendo un drama de cualquier cosa. Cuando llegan a tu vida aportan caos y agotamiento. Si puedes, evítalas y frecuenta a las que tengan un carácter apacible. La serenidad se contagia.
- *Lee en papel.* Especialmente antes de dormir, estar expuesto a pantallas —televisores, móviles, tableta, *e-readers*— es un seguro de crispación para los nervios. Volver a la lectura analógica constituye una manera de invertir nuestro tiempo en serenidad y en una comprensión más profunda de las cosas, ya que asociamos las pantallas a lo instantáneo y superficial.

■ Serenidad = productividad

Una mente lúcida y en calma puede analizar cada problema y actuar con aplomo, aplicando los recursos y medidas más adecuados. Si, producto de las prisas o de los excitantes, sobrerreaccionamos ante cualquier situación, solo lograremos generar estrés, cometer errores y, por lo tanto, malgastar nuestro tiempo y energías.

Un proverbio hindú reza: «No hay nada que pague un instante de paz». Y una manera excelente de promover esa paz consiste en ser prudentes con el reloj, evitando trampas que nos roban el tiempo y la serenidad como...

- Ser demasiado optimistas con nuestra agenda.
- Dar un plazo corto a una tarea que en realidad necesita más tiempo.
- Asumir compromisos innecesarios. Decir «sí» cuando queremos decir «no».
- Quedarnos hipnotizados ante las redes sociales o el televisor para «matar el tiempo».
- Dormir o comer mal pensando que ahorramos tiempo.

Sobre este último punto, tal vez ganemos minutos u horas, pero nuestro rendimiento a lo largo del día será de baja calidad, con lo cual, al final, habremos sido menos productivos.

UN POCO DE SÍNTESIS

- La mala gestión del tiempo lleva a estar siempre crispado y a pasar el día corriendo, lo cual reduce la calidad de vida.

- Es una pésima decisión robar horas al sueño, ya que, además de poner en peligro nuestra salud, acabamos rindiendo menos.

- Tener control sobre el reloj y la agenda nos aporta seguridad y confianza en la vida.

- Una jornada serena resulta más productiva que la de quien vive bajo el yugo del estrés.

POR QUÉ EL TIEMPO ES DINERO

Gestión de ricos, gestión de pobres

Cuando escribí *Money Mindfulness*, mi libro sobre cómo generar, conservar y multiplicar el dinero, dediqué un importante capítulo a esta máxima: «El tiempo es la divisa más rentable del mundo».

Todavía hay muchas personas que viven como si el tiempo no costara nada y lo gastan de forma irreflexiva, sin tomar conciencia de que constituye nuestro recurso más limitado. Quien gestiona mal su tiempo también gestiona mal su dinero, ya que ambos son dos caras de la misma moneda.

Cada vez que compramos algo, en realidad lo pagamos con nuestro tiempo o, lo que es lo mismo, con la vida. Y, cómo no, las fugas de tiempo se convierten de forma inmediata en fugas de dinero. Por ello, al igual que hemos de prestar atención a cada euro, también debemos hacerlo con cada minuto de nuestra vida. Tomar conciencia plena de su valor para, desde el respeto, aprovecharlo al máximo.

Como decía Gandhi, un gran gestor de tiempo al que volveremos más adelante: «Al igual que no puedes perder un grano de arroz o un trozo de papel, no puedes perder un minuto de tu tiempo».

■ No vendas tu tiempo, cómpralo

Antes de adentrarnos en el método práctico que encontrarás en la segunda parte de este libro, debes tomar nota de que estamos ante un cambio de paradigma. En lo que se refiere a la gestión del tiempo como instrumento generador de dinero, lo que servía hace una década ya no es útil hoy en día.

Podemos resumir la nueva realidad mediante una máxima del conferenciante Harv Eker, un tanto radical pero muy cierta: «Los pobres venden su tiempo, mientras que los ricos lo compran».

Los ricos saben que el tiempo es más valioso que el dinero en sí mismo, por lo que contratan a personas para hacer aquellas cosas que no se les dan bien o con las que su tiempo no tendría un uso productivo.

Los pobres, por el contrario, canjean su tiempo por dinero. Una estrategia que parte de un inconveniente insalvable: el tiempo es limitado. Al obrar así están poniendo techo a sus ingresos, cercenando toda posibilidad de obtener riqueza.

Cuando vayas a vender tu tiempo, para empezar te diría que recordases una de las leyes de *Money Mindfulness*: «El dinero no se gana trabajando más horas, sino liberando tiempo para pensar en nuevas oportunidades».

Los nuevos criterios de productividad, como desgranaremos en la parte tercera del libro, están rompiendo con el tópico de «echar horas» a cambio de un sueldo fijo, porque calentar el asiento no equivale a ser productivo, y no es rentable ni para el trabajador ni para la empresa. Las compañías más visionarias del planeta, como Netflix u otras de sectores relacionados con la innovación, han empezado a comprar resultados a sus empleados, con independencia de las horas que «fichen» o de si están presencialmente en la oficina o teletrabajan desde casa.

Sin embargo, todavía hay muchas personas que venden su tiempo al por mayor, entregando en bloque todas las horas del día, aun cuando gran parte de ellas no sean productivas o no se reflejen en un sueldo más elevado; de igual modo, muchos trabajadores autónomos, pese a ser sus propios jefes, trabajan de sol a sol para, con suerte, llegar justos a fin de mes.

Y lo que es peor: hay muchas personas que, si bien cuentan con un sueldo elevado o ganan más de lo que nunca habrían imaginado, no tienen tiempo de disfrutarlo porque entregan a cambio absolutamente todas sus horas y viven inmersas en *una carrera de ratas: trabajan para pagar las facturas de todas las cosas innecesarias que van comprando a medida que ganan más.*

Si estás en cualquiera de estos supuestos, además de las estrategias financieras que te proponía en *Money Mindfulness*, sin duda necesitas TM. Has de tomar conciencia tanto del valor del tiempo que dedicas al trabajo como del que tienes que reservarte para ti mismo y para los tuyos a fin de llevar una vida plena y próspera.

■ La agenda de la gente eficiente

Piensa en esto que voy a decirte: *todas las personas del planeta tenemos la misma cantidad de horas en un día.* Entonces ¿por qué hay gente a la que le cunden mucho más y obtienen mejores resultados que yo? ¿Es porque son más rápidos e inteligentes, porque tienen más facilidades? Tal vez haya algo de esto, pero sobre todo es porque saben gestionar su principal recurso —el tiempo— de forma eficaz gracias a herramientas y hábitos que les ayudan a estirarlo como si fuera una goma.

El emprendedor y escritor Kevin Kruse entrevistó a más de doscientas personas de éxito, incluyendo multimillonarios, empresarios, atletas olímpicos y estudiantes brillantes, y les preguntó por su secreto número uno para la productividad. ¿Podéis imaginar cuál fue su respuesta? *Considerar el tiempo como su activo más valioso.*

Afirmaban que el tiempo era su activo más valioso, ya que con él podían conseguir todo lo demás, incluida la prosperidad económica. El dinero puede incluso recuperarse si se ha perdido, pero no hay forma de recuperar el tiempo. Una vez gastado, no es posible salir a buscar más, ni comprarlo, ni pedirlo prestado.

Partiendo de esta premisa, estas entrevistas demostraron que *las personas altamente productivas experimentan el tiempo de forma diferente.* No siguen complejos sistemas de gestión, con diagramas complicados. Más bien comparten una serie de hábitos sencillos de aplicar para cualquiera. Te resumiré a continuación los más significativos para que pronto pases a engrosar esa lista de afortunados.

Los llamaremos «hábitos para convertir el tiempo en oro».

1. Céntrate en los minutos, no en las horas

La gente común organiza sus agendas por horas o medias horas, mientras que las personas muy exitosas son plenamente conscientes de que cada día hay mil cuatrocientos cuarenta minutos. Si dormimos ocho horas, lo cual es plenamente recomendable, *disponemos cada vigilia de 960 minutos que deben ser aprovechados como merecen.*

El potencial de cada minuto es importantísimo y cuenta para el resultado final. Por ello, piénsatelo dos veces antes de pedirle a alguien «un minuto», o antes de darlo tú mismo. Y en especial, antes de desperdiciarlo.

Para llevar las riendas de tu agenda, de tu tiempo y, por ende, de tus finanzas, debes mantener a raya cada minuto.

El club de las 5 a.m.

Robin Sharma, que empezó a hacerse famoso en todo el mundo en 1999 por *El monje que vendió su Ferrari*, ha impactado hace poco con su libro *El club de las 5 de la mañana*. A través de una fábula en la que un millonario excéntrico hace de mentor de dos desconocidos, plantea un método en el que, además de evitar las distracciones digitales, madrugar tiene capital importancia.

Levantarse cuando el grueso de la humanidad está durmiendo libera una primera hora preciosa para despertar al «genio interior», asegura Sharma, que sugiere practicar el 20/20/20. Tras madrugar, dedicaremos los primeros 20 minutos a hacer ejercicio y sudar, ya que eso aumenta las conexiones neuronales. El siguiente «bolsillo» de 20 minutos será para planificar nuestros objetivos, empezando así la jornada con el foco bien dirigido. El tercer bloque de esta hora lúcida está destinado al aprendizaje: leer biografías de grandes personajes, escuchar *podcasts* formativos o cualquier otra actividad que nos permita ganar en conocimiento.

Otra de las reglas que presenta Sharma en su libro es la 90/90/1. Consiste en dedicar, durante 90 días consecutivos, los primeros 90 minutos de cada jornada a realizar de forma exclusiva una misma cosa que suponga una gran oportunidad para uno mismo. En lugar de contestar correos y mensajes o de mirar noticias por la red, el autor asegura que cumplir con este desafío sin fallar durante tres meses —lo cual requerirá levantarse bastante antes de ir a trabajar— produce resultados legendarios.

2. Practica una rutina matutina

Antes de que Sharma escribiera su libro, las personas altamente efectivas ya sabían que merece la pena dedicar una hora al día a fortalecer su mente, cuerpo y espíritu con rituales matutinos definidos a la perfección.

Aunque no practiquen el 20/20/20 o el 90/90/1, la mayoría se levantan pronto, se hidratan bien, toman un desayuno saludable, hacen ejercicio ligero y alimentan su mente con meditación, oración o con lecturas inspiradoras o diarios. Incorporan rituales de agradecimiento o autorreflexión para tener claros cuáles son sus objetivos de ese día.

Decía el gurú Vaibhav Shah: «Cada vez que ves a una persona exitosa solo ves sus glorias públicas, nunca los sacrificios privados para conquistarlas».

Lo mejor de aplicar el TM es que no lo percibirás como un sacrificio añadido.

3. Prioriza

Las personas ultraproductivas se centran en una *única cosa*, lo que las lleva a lograrla con éxito. Como primer paso, identifican su meta. Dependiendo de tu situación y actividad, puede ser desde conseguir un ascenso o más clientes, o alcanzar las ventas que te permitan cobrar el cien por cien del *bonus*, hasta mantener una familia unida y saludable o aprobar unos exámenes que te abrirán nuevas oportunidades.

Acto seguido, identifican cuál es la tarea que va a tener un mayor impacto para acercarlos a esa meta, y le dedican una o dos horas cada mañana, en concreto las primeras de la jornada porque suelen ser las más productivas. Un consejo extra: lo hacen *evitando cualquier tipo de interrupción* (más adelante te explicaré cómo conseguirlo)

Cómete esa rana

Dan Ariely, profesor de psicología y comportamiento económico en la Universidad de Duke, afirma que la mayoría de las personas son más productivas —y su potencial cognitivo mayor— durante las dos primeras horas de la mañana.

«Por desgracia —sostiene— las rutinas de la mayoría de la gente y los horarios de trabajo no están diseñados para maximizar este potencial brillante y precoz. Uno de los errores más tristes en la gestión del tiempo es que la gente consagra las dos horas más productivas a cosas que no requieren alta capacidad cognitiva, como son las redes sociales.»

Si no las aprovechamos para navegar por las redes sociales, grandes depredadoras de tiempo, tendemos a dedicar nuestras primeras horas del día a las tareas más fáciles y triviales, como mirar el correo o leer la prensa, dado que nos mantienen en la zona de confort.

Cuando comiences a trabajar mañana, antes de actuar así piensa que estarás tirando a la basura el rato del día más valioso, pues no solo es el momento en que tu cerebro trabaja con la máxima concentración, sino que, además, es cuando surgen menos imprevistos e interrupciones externas.

Las primeras horas del día son también las más eficaces para resolver problemas, según indican los grandes gestores de tiempo, que recomiendan: «Cómete esa rana». Contra el hábito perezoso de empezar por lo fácil y postergar el «marrón» a lo largo de la jornada, con lo cual ocupará espacio mental todo el día, la filosofía *Eat That Frog* propone que de entrada nos quitemos de encima la tarea más pesada o conflictiva para así rendir en las siguientes horas con el resto de las cosas sin ese peso.

4. Olvídate de las listas de tareas

Los propósitos que se escriben al final del año suelen fracasar estrepitosamente, salvo raras excepciones. Se trata solo de listas de tareas u objetivos, meros apuntes de cosas pendientes que esperas cumplir, pero que no van acompañadas de ningún plan, ni de plazos específicos. Cuando las confeccionamos en el día a día, además, no solemos distinguir entre lo urgente y lo importante, y mezclamos sin orden ni concierto actividades que podrían llevarse a cabo en pocos minutos con otras que, a buen seguro, requerirán horas para ejecutarse como es debido.

Una vez terminada la lista, nos tiramos de cabeza y comenzamos con los trabajos más fáciles o aquellos que se hacen rápidamente, sin tener en cuenta si son o no esenciales o si van a tener algún retorno. Y es que lo que en verdad nos satisface, porque nos hace creer que somos eficientes, es *tachar tareas de la lista. Cuantas más, mejor, sin importarnos que estas sean las más insignificantes.*

De este modo, además de ser improductiva, la lista se convierte en un recordatorio constante de todo lo que nos queda por hacer, lo cual nos genera estrés e insomnio.

Ya en los años treinta, la psicóloga rusa que investigó el «efecto Zeigarnik »lo advirtió: *las tareas incompletas permanecerán en tu mente hasta que las termines, ocupando espacio y robándote tiempo y energía.* Y ¿sabes cómo llegó a esta conclusión? Observando que los camareros recordaban mejor las comandas pendientes o sin cobrar que las que acababan de servir, cosa que la llevó a realizar unos estudios que demostraron cómo la memoria es más eficaz con los procesos inconclusos... Solo hay que pensar en las series de televisión a las que nos enganchamos.

5. Programa tu agenda

En lugar de hacer listas, las personas altamente productivas programan en su agenda cada tarea, con independencia de que sea una reunión con tu mejor cliente, una llamada a tu madre o tu sesión semanal de *coaching*. Sin que afecte a la flexibilidad que nos exige el fluir del día a día, toda tarea que has decidido agendar y a la cual has reservado un tiempo —no hay otra forma de hacer las cosas— ha de considerarse bloqueada como si fuera una cita con tu médico.

Vive de acuerdo con esa agenda. *Si una tarea no está agendada es como si no existiera;* y cuando lo está, hay que acometerla pase lo que pase, sin excusas.

A diferencia de lo que ocurre cuando escribes una tarea en una lista, el hecho de anotarla en tu agenda libera tu mente. Aun cuando no la termines y tengas que recolocarla al día siguiente, el efecto es distinto, ya que habrás vuelto a otorgarle un tiempo y quizá también un espacio donde realizarla.

Y recuerda lo que nos dice Jeff Weiner, director ejecutivo de LinkedIn: «Bloquea colchones de tiempo para pensar, para no hacer nada». En tu agenda ha de estar apuntado todo y, como veremos en otro capítulo con detalle, también ha de estar apuntada la nada.

La Agenda de Warren Buffet

En un cara a cara entre Bill Gates y el millonario Warren Buffett para una cadena de televisión americana, el primero dijo: «Recuerdo cuando Warren me enseñó su agenda». Acto seguido, Buffett sacó de su bolsillo una libreta y se la entregó al entrevistador. «Aquí no hay casi nada...», se sorprendió este, hojeándola. «Absolutamente», replicó Buffett mientras Gates bromeaba diciendo: «Es alta tecnología, tenga cuidado, puede que no lo entienda».

Mientras el entrevistador comprobaba que en algunos meses solo había tres o cuatro anotaciones, Gates contó que, tiempo atrás, él solía tener cada minuto lleno de citas porque pensaba que era la única manera posible de hacer las cosas; y que fue precisamente Buffett quien le enseñó la importancia de dejar tiempo para pensar: «Tienes que controlar tu tiempo. Frente a las exigencias de tener reuniones y cosas así, sentarse y pensar puede ser una alta prioridad para un CEO».

Buffett explicó cómo todo el mundo quería su tiempo, por lo que tenía que ser muy cuidadoso con él: «Básicamente puedo comprar cualquier cosa que quiera, pero no hay manera de que pueda comprar más tiempo».

El financiero ha eliminado de su agenda casi todas las tareas que se le presuponen: nunca habla con analistas. Rara vez habla con los medios. No asiste a eventos de la industria. Apenas acude a reuniones internas. Ha vivido fuera de Nueva York durante casi toda su carrera.

Todo por la simplicidad, que a su vez le provee de tiempo.

6. Utiliza un cuaderno para liberar la mente

Richard Branson declara que no habría podido construir Virgin si no hubiera sido por un simple cuaderno que lleva consigo allá adonde va para apuntar sus planes. Por su parte, el magnate griego Aristóteles Onassis recomendaba: «Lleva siempre un cuaderno. Anota todo: ideas, la gente nueva que conoces, cosas interesantes que has oído. ¡Es una lección de un millón de dólares que no te enseñarán en la escuela de negocios!».

En general, las personas ultraproductivas liberan su mente y, por lo tanto, ganan tiempo porque no están pendientes de su pensamiento, ya que anotan a tiempo real cualquier idea.

Fechas, direcciones, posibles regalos, alternativas de vacaciones, restaurantes, esa botella de vino que te gustó y te evita repasar de nuevo una carta completa, un diagrama de la mesa en la primera reunión con unos clientes... Recuerdo lo que decía un profesor de mi instituto: «El que no toma nota es un idiota». A efectos de TM, esa afirmación era bastante cierta.

El boli es más poderoso que el teclado

Como demuestra un estudio de los psicólogos Pam A. Mueller y Daniel M. Oppenheimer publicado en *Psychological Science*, es mejor tomar notas a mano que en el portátil. En sus propias palabras:

«Tomar notas en los portátiles en lugar de a mano es cada vez más común. Muchos investigadores han sugerido que la toma de notas en el portátil es menos efectiva que la toma de notas a mano para aprender (...). En tres estudios, encontramos que los estudiantes que tomaron notas en los portátiles obtuvieron peores resultados que los estudiantes que tomaron notas a mano. Demostramos que, si bien tomar más notas puede ser beneficioso, la tendencia de los que toman notas en portátiles es transcribir las conferencias en lugar de procesar información y reformularla con sus propias palabras, lo que va en detrimento del aprendizaje. Recuerdan los datos, pero aplican peor los conceptos».

7. Delega lo que puedas

La gente ultraproductiva no pregunta: ¿Cómo puedo hacer esta tarea? En su lugar, pregunta: *¿Cómo se puede tener hecha esta tarea?* Esto equivale, en la medida de lo posible, a eliminar el «yo» de la ecuación. Se trata de pasar tu tiempo haciendo lo que mejor sabes hacer y desarrollando las fortalezas que solo tú tienes.

He aquí las famosas tres preguntas de Harvard que te ahorrarán unas cuantas horas a la semana:

· ¿Qué puedo *dejar de hacer* que no me aporta valor ni a mí ni a la compañía?

· ¿Qué puedo *delegar o subcontratar*, ya que no soy el único que sabe hacerlo?

· ¿Qué tengo que *seguir haciendo*, pero lo puedo rediseñar para hacerlo de forma más eficiente, es decir, con los mismos resultados y menos tiempo?

8. Cena en casa... o en otro planeta

Las personas altamente productivas saben lo que valoran en la vida, y no solo es el trabajo. Para unos es el tiempo con la familia, para otros el ejercicio, la autoformación constante... Momentos todos ellos que incluyen en esa agenda que hemos de cumplir sí o sí.

Como dice el ejecutivo de Intel Andy Grove, «siempre hay más por hacer, más de lo que debería hacerse, más de lo que puede hacerse», por lo que el elemento diferencial lo pone quien, en lugar de quemar sin fin una hora tras otra, aprende a decir: «Hasta aquí, ya es suficiente». Se convierte de este modo en maestro del dejar ir, del permitirse soltar. Así encuentra tiempo para lo que ama de verdad.

Para Sheryl Sandberg, jefa de operaciones de Facebook, la prioridad es cenar en casa todos los días; para Richard Branson, imaginar una nueva aventura en no sé qué planeta. Solo tú sabes cuál es la tuya. Inclúyela en tu agenda, y dedica ese tiempo a lo que verdaderamente quieres.

Celebra lo que has hecho y no lamentes lo que no pudiste hacer. Como recomendaba el filósofo Ralph Waldo Emerson hace ya un siglo y medio:

«Termina cada jornada sin remordimientos.
Has hecho lo que has podido y mañana será otro día».

UN POCO DE SÍNTESIS

- Cada minuto de tu tiempo cuenta, y vale siempre más que el dinero.

- Conviene dedicar las primeras horas de la mañana, las de mayor rendimiento, a las cosas verdaderamente trascendentes.

- Aplazar un «marrón» solo sirve para que ocupe espacio mental todo el día.

- No hagas listas; agenda cuándo y cómo harás cada cosa.

- Delega todo lo que puedas y céntrate en aquello que solo puedes efectuar tú.

- Reservar tiempo libre para pensar es la mejor inversión que puedes hacer.

POR QUÉ EL TIEMPO ES CREATIVIDAD

Sobre la importancia del vacío

En una conocida fábula oriental, un hombre muy rico visita a un maestro de té célebre por su sabiduría. Mientras el visitante le explica todo lo que ha hecho y conseguido en la vida, el maestro de té va llenando su taza hasta que al final la infusión la rebasa y se acaba derramando sobre la mesa.

Cuando el adinerado huésped le dice que pare de servir té, pues la taza ya está llena, el maestro le replica: «Llena está como lleno vienes tú de ti mismo. Así será imposible que aprendas nada».

Este cuento propio de las enseñanzas zen apunta al título del presente capítulo: si no se genera espacio libre, es decir, tiempo, no puede surgir nada nuevo. Y, sin embargo, si observamos las agendas de la mayoría de las personas, parece que tengan adicción a llenar de actividades y compromisos todo el tiempo disponible.

¿A qué se debe?

■ *Horror vacui*

Esta expresión latina significa «horror al vacío» y tiene su origen en una creencia de la antigüedad según la cual el vacío no podía existir en el cosmos. En el ámbito del arte y la decoración, se habla de *horror vacui* cuando se tiende a llenar todo el espacio disponible, algo que ocurría con el barroco o en la tradición del arte musulmán.

Las vanguardias del siglo XX criticaron mucho la costumbre de llenar todo el espacio disponible, y el arquitecto austríaco Adolf Loos llegó a afirmar en un célebre artículo de 1908 que «el ornamento es un crimen», algo propio de bárbaros y de personas carentes de estilo.

En el diseño nórdico y en el apreciado *look* zen que distingue a los productos de Apple, por ejemplo, se intenta prescindir de todo lo accesorio. Nada más bello que una superficie blanca y vacía para estimular la imaginación y la creatividad.

La utilidad del vacío

En el poema XI del *Tao Te Ching*, el maestro Lao-Tse ya se refería, hace dos milenios y medio, al poder creativo de no llenar el espacio y el tiempo:

> *Treinta radios convergen*
> *en el centro de una rueda,*
> *pero es su vacío*
> *lo que hace útil al carro.*
> *Se moldea la arcilla para hacer la vasija,*
> *pero de su vacío*
> *depende el uso de la vasija.*
> *Se abren puertas y ventanas*
> *en los muros de una casa,*
> *y es el vacío*
> *lo que permite habitarla.*
> *En el ser centramos nuestro interés,*
> *pero del no-ser depende la utilidad.*

Así como Loos consideraba que «rellenar» el espacio no casaba con la modernidad, una agenda atiborrada de cosas es un acto igualmente bárbaro, ya que eliminamos cualquier opción de improvisar, de crear algo nuevo.

Volvamos a la pregunta: ¿por qué el ciudadano moderno, que lleva un *smartphone* sin apenas botones, padece *horror vacui* en su organización del tiempo? Puede haber varios motivos:

· Una fijación equivocada por la *productividad*, entendiendo que solo lo «lleno» aporta valor, ignorando que lo «vacío» es la premisa de la innovación.

- La obligación autoimpuesta de *complacer* las expectativas de los demás. Si cada vez que alguien quiere algo de nosotros —lo cual se paga con tiempo— decimos que sí, nos quedaremos sin ningún hueco para poder hacer otras cosas.
- El miedo al *encuentro con uno mismo* que promueve el espacio vacío. Tal vez sea esta la razón más importante del empacho de nuestra agenda. Mientras hacemos cosas y atendemos a la gente, no tenemos tiempo de pensar. Y si nos paramos a pensar..., tal vez surgen preguntas incómodas que nos cuesta responder. Muchas personas llenan su tiempo de cualquier cosa para evitar ese desafío.

Sobre esta clase de *horror vacui* advertía Pablo Neruda: «Algún día en cualquier parte, en cualquier lugar, indefectiblemente te encontrarás a ti mismo, y esa, solo esa, puede ser la más feliz o la más amarga de tus horas».

Maniobras de distracción

La cita con uno mismo que lleva a la reflexión y a la creatividad puede evitarse de muchas maneras; la más común es asumir más trabajo del que en realidad deberíamos hacer, ya que eso nos libera de pensar. Otra muy habitual es llenar el tiempo libre con series de televisión —hay quien ve temporadas enteras en un fin de semana—o «rellenar» cualquier minuto libre en los transportes públicos, en el trayecto al trabajo o a casa, con redes sociales que rara vez nos aportan algo de valor, pero que nos «distraen».

En su ensayo *Los grandes placeres*, Giuseppe Scaraffia señala que esa adicción a distraer la mente de las preguntas fundamentales no es exclusiva de esta época. En el siglo XVIII el filósofo Benjamin Constant tenía fijación por los burdeles, y, más modernamente, Ernest Hemingway se emborrachaba para poder llenar su vacío, pese a su gran talento creativo. Un *horror vacui* que le llevó a suicidarse con un tiro de escopeta en 1961, al sentirse incapaz de seguir creando.

■ En la nada está todo en potencia

El *Génesis* bíblico comienza con la nada a partir de la cual el creador va haciendo emerger el universo y todo lo que hay dentro de él. Esa nada que contiene todo en potencia está a disposición de cualquier persona que quiera *hacer de su vida un acto de creación.*

Otto Scharmer, profesor del MIT en Boston, plantea esa necesidad de vacío en su «Teoría U», que resume con dos breves frases en inglés: solo a través del «*Let it go*» será posible el «*Let it come*».

Mientras estés lleno de todo lo viejo, como el ricachón que visita al maestro de té, no podrá entrar nada nuevo.

Dado que este es un libro sobre el tiempo, veamos qué podemos soltar para crear un espacio temporal creativo:

Deja de...
- trabajar más horas de las necesarias.
- quererlo abarcar todo, como si no hubiera mañana.
- acudir a citas que no te alimentan.
- anestesiarte con la televisión y las redes sociales.

Y llegarán...
- nuevas ideas que de otro modo no se te habrían ocurrido.
- proyectos empresariales, artísticos o de autoconocimiento que pueden transformar tu vida.
- descansos o pausas para hacer un «cambio de chip».
- personas nuevas que aporten aire fresco a tu vida.
- las satisfacciones de improvisar, conquistar la libertad personal.

■ Las piedras grandes

Recuerdo una novela simplificada que leí cuando aprendía inglés. Se llamaba *El cielo es el límite* y contaba la historia de un hombre ambicioso y cada vez más ocupado que entra a trabajar en la sede de una compañía que ocupa un rascacielos.

Empieza realizando funciones sencillas en los pisos inferiores, pero a medida que va entregando su vida al trabajo, va ascendiendo de cargo y también de planta. Al final de su carrera, logra ocupar el despacho de director de la empresa, en el piso superior.

Al darse cuenta de que no puede seguir escalando y de que su carrera se ha tragado totalmente su vida personal, sale a la terraza y se arroja al vacío.

Sin llegar a un final tan dramático, un ejercicio en forma de fábula que se suele explicar en las escuelas de negocios puede ayudarnos a establecer prioridades, algo a lo que dedico todo un capítulo.

Imagina que un gestor de tiempo llega a un aula con un frasco y un saquito de piedras.

Tras el saludo inicial, mete en el frasco las piedras y pregunta a los alumnos si está lleno.

Cuando le dicen que sí, saca un segundo saco más pequeño, repleto de arena, y lo vierte dentro del frasco. Los granitos se cuelan entre las piedras, acabando de llenarlo.

El gestor de tiempo pregunta por segunda vez si el frasco está lleno. Los alumnos vuelven a decir que sí, aunque en sus voces nota ya algunas dudas. Acto seguido, coge una jarra de agua, que vierte en el frasco rebosante de piedras y arena.

—¿Está lleno ahora? —pregunta el gestor.

—No lo sabemos... —contesta uno de los estudiantes en nombre de los demás.

—¿Qué es lo que acabo de demostrar, con referencia al tiempo?

Tras unos instantes de silencio, una alumna se atreve a decir:

—Que da igual lo abarrotada que esté tu agenda. Si eres hábil, siempre podrás meter algo más.

—¡No! —replica el gestor de tiempo—. Lo que he querido demostrar con este ejercicio es que hay que meter las piedras grandes primero, porque luego ya no cabrán. Las piedras grandes son las cosas verdaderamente importantes en la vida. El resto encontrará su lugar.

Termino este capítulo invitándote a que te plantees una pregunta vital:

¿Cuáles son las piedras grandes de tu vida?

Asegúrate de que las pones en el frasco, que es el tiempo de tu vida, antes que la arena y el agua. Como dice el gestor, si pones primero lo que debe ir primero, el resto hallará su lugar.

UN POCO DE SÍNTESIS

- Liberar tiempo es imprescindible para que sucedan cosas nuevas.

- El *horror vacui* esconde el miedo a plantearnos preguntas cuya respuesta puede transformar nuestra vida.

- La magia de la «nada» estriba en que contiene todas las posibilidades.

- Si no sueltas lo viejo, no podrá venir lo nuevo.

- Pon primero las «piedras grandes» de tu vida. El resto hallará su lugar.

¿CUÁL ES TU CRONOPERFIL?

Seis maneras de gestionar el tiempo

Vivimos tan apresuradamente que pocas veces somos conscientes del uso que hacemos de los días, horas y minutos que nos regala la vida. No obstante, si prestamos atención a cómo nos manejamos con el tiempo, podremos introducir cambios que supondrán una gran mejora cualitativa en nuestro día a día.

El tiempo es lo más valioso que tenemos, pues una vez gastado no se puede reponer, así que resulta crucial que sepamos cuál es nuestro patrón a la hora de emplearlo. Eso nos sitúa en el terreno del TM, que nos devolverá el control sobre nuestra existencia.

Dado que el modo de aprovechar el tiempo es algo complejo, puede que tu cronoperfil sea una combinación de varios patrones, aunque seguramente uno de ellos será el dominante. Su función es lograr que entiendas y corrijas tus hábitos disfuncionales relacionados con el uso del tiempo para fluir más y mejor con la vida.

Veamos ahora los cinco patrones que, llevados al extremo, no nos permiten disfrutar del tiempo:

■ 1. El velociraptor

Va volando de un lugar a otro, en un estado de alerta permanente, tratando de cubrir el máximo número de tareas. Su optimismo con la agenda es desaforado, y siempre encuentra espacio para un compromiso o una misión más. Esto le obliga a correr sin cabeza, tomando taxis para llegar justo o tarde a cada lugar. Al terminar la jornada, siente que no ha hecho ni la mitad de lo que había previsto, lo cual le genera frustración. Para este perfil, los días deberían tener más de cuarenta y ocho horas.

Las citas con el velociraptor son breves, porque siempre tiene que salir hacia otro lado, y a menudo provoca embrollos con la agenda. Es habitual que se robe horas de sueño para poder abarcar un poco más, aunque sea pagando un alto precio para su salud.

El estrés es su modo de vida, y su estado de ánimo más común es la ansiedad y el nerviosismo. Muchas veces siente que no puede con todo, pero no por ello levanta el pie del acelerador. Tiene la falsa creencia de que si cesa de hacer cosas, el mundo dejará de funcionar. Por eso, a un velociraptor solo puede pararlo un *shock* vital —un accidente o una enfermedad, un despido o la ruina económica, una separación—, a no ser que se entregue al TM antes de estrellarse.

El conferenciante Álex Rovira definió este perfil con una orden que, en su época de consultor, oyó gritar en una empresa: «¡Es urgente que sea urgente!».

Peligros de la velocidad

Una fábula cuenta que un explorador blanco, que ansiaba llegar cuanto antes al corazón de África, ofreció una paga extra a los porteadores para que anduvieran más aprisa. Estos lo obedecieron durante varias jornadas, pero una tarde se sentaron en el suelo y se negaron a continuar.

Cuando el explorador les pidió explicaciones, le respondieron:

—Hemos caminado tan rápido que ya no sabemos ni lo que estamos haciendo. Ahora tenemos que esperar a que nuestras almas nos alcancen.

El gran peligro de las prisas es que se conviertan en el motor de nuestra vida, en piloto automático, hasta olvidar, como los porteadores, por qué estamos corriendo.

Contra ese síndrome, lo primero que hay que hacer es detener la inercia y, a continuación, preguntarnos por qué nos hemos puesto en camino y cómo queremos vivirlo.

■ 2. El procrastinador

«Mañana» es su palabra favorita, o «después» en su versión más suave. Este perfil tiene verdaderos problemas para empezar cualquier cosa, aunque sea de vital importancia para sí mismo.

Se pierde en los preparativos, que en el fondo son una forma de retrasar el inicio de lo que debería estar haciendo ya. Dedica mucho tiempo a preparar el terreno, y poco o ninguno a cultivarlo.

Un ejemplo clásico sería el estudiante que dedica el primer día de estudio a ordenar sus apuntes y a hacer un calendario de las páginas que asimilará por el día. Eso lo tranquiliza y se va a descansar o se ocupa con otra cosa, convencido de que «mañana sí». Sin embargo, un viejo proverbio advierte que «por la calle del mañana se llega al callejón del nunca jamás». Al día siguiente, un cambio de planes o un imprevisto lo obligarán nuevamente a aplazar el inicio y a reprogramar el cálculo de hojas por día, lo cual supondrá un gasto de tiempo adicional. Un día más tarde, es muy probable que se repita la jugada hasta que... el estudiante se encuentra la noche antes del examen con el tocho de apuntes sobre la mesa sin mirar, y los nervios al borde del colapso.

Dado que todos procrastinamos cosas en esta vida, dedicaré un capítulo entero a cómo acabar con el hábito de aplazar lo importante mientras se dedica tiempo a lo secundario.

El procrastinador vive de esperanzas y, cuando se da cuenta de que no cumple con lo que se ha fijado, termina desesperado.

■ 3. El precrastinador

Un artículo reciente del *New York Times* hablaba de un nuevo cronoperfil que es el reverso del anterior. Se trata del de aquellas personas a las que la ansiedad las lleva a anticiparse a todo.

El precrastinador llega al supermercado unos minutos antes de que abra, entrega su trabajo con una semana de antelación —por si algún accidente le impidiera hacerlo los últimos días— y se presenta a las citas siempre antes que tú.

Detrás de este vivir en modo anticipado hay el miedo a no cumplir o a que las cosas se tuerzan. Mejor llegar antes de que el mundo se venga abajo.

Una situación común de precrastinación se produce en las puertas de embarque, donde, aunque los pasajeros tienen su asiento en el vuelo, hacen cola —a veces de media hora o más— cuando podrían estar cómodamente sentados hasta que se abra el paso.

Hay quien teme que su maleta no quepa en la cabina y la acaben llevando a la bodega, pero también encontramos en la cola a ejecutivos con su maletín. ¿Qué hacen ahí de pie, esperando con tensión a que empiece el embarque?

Adam Grant, autor de libros y profesor de Administración y Psicología en Wharton, afirma que la precrastinación es «el lado oscuro de ser muy bueno cumpliendo con las cosas. Se deriva de la preocupación de que no tendrás tiempo suficiente para hacer algo bien, en especial cuando otras personas dependen de ti».

Vivir siempre con el chip de «antes de» supone una constante pérdida de tiempo, ya que, como reza el dicho popular, «No por mucho madrugar amanece más temprano». Si te adelantas dos pasos al ritmo del mundo, estarás siempre esperando a que abran, a que llegue una cita o incluso multiplicarás el trabajo.

Si entregas una tarea con mucha anticipación, te arriesgas a dos cosas:

1. A que te pidan cambios y mejoras, ya que «hay tiempo» (por eso los *freelance* expertos entregan sus tareas justo en el *deadline*, para que no les puedan pedir cambios), o incluso que te lo hagan hacer de nuevo.

2. A que te den otras tareas que habrían recaído sobre otros por el solo hecho de estar libre. Eso puede ser un problema cuando trabajas a sueldo en una compañía.

Querer «quitarte de encima» lo que tienes que hacer puede llevarte a elegir un mal tema de tesis doctoral, por ejemplo, o incluso a emparejarte con la persona equivocada. Tan peligroso es aplazar como andar siempre por delante, pues, entre otras cosas, puedes caer en la precipitación.

■ 4. El hombre simultáneo

O la mujer, por supuesto. Este cronoperfil puede combinarse con los otros, ya que es una manera de gestionar cada paso que damos. Quien sigue este patrón necesita hacer siempre varias cosas a la vez, porque piensa que de este modo «ahorra tiempo».

En realidad, el hombre simultáneo consigue hacer muchas cosas, pero con un bajo nivel de atención, lo cual provoca no pocos accidentes y errores. Este perfil pone la cantidad por encima de la calidad.

Mientras camina por la calle, actualiza las redes sociales en su *smartphone*, con el riesgo de chocar con otros peatones o contra una farola.

En las reuniones familiares o de amigos, sigue con su alma en la oficina, contestando a llamadas o correos, o pensando en otras cosas. No se entera de lo que está sucediendo a su alrededor porque está siempre «en otra parte», como vimos al principio de este libro.

El *multitasking* continúa incluso en horas de descanso. Si está tomando el sol en una piscina, puede que lleve auriculares para seguir un curso de formación. Si está en la cama, sigue pendiente de cada vibración que se produce en su móvil.

Sobre esto último, un grupo de treinta y cinco psiquiatras estadounidenses que han decidido supervisar la conducta de Donald Trump advirtieron que el presidente interactuaba con las redes habitualmente a altas horas de la madrugada. Uno de ellos llegó a mandarle el mensaje: «Por el bien del país, váyase a dormir».

Cuando al día siguiente un periodista le preguntó acerca del comentario, el presidente dijo: «Si oigo que entra algo, necesito mirar qué está pasando».

■ 5. El *O'Clock*

En teoría, este cronoperfil sería el justo punto medio entre el procrastinador y el precrastinador, pero la fijación por la puntualidad y vivir según una agenda puede quitarle el brillo a la vida.

Las personas empecinadamente puntuales sufren de perfeccionismo y están en lucha constante con un mundo cuya esencia es *wabi-sabi*, un concepto japonés que se traduce como «la belleza de la imperfección». En la naturaleza nada es recto, nada está terminado ni dura para siempre; ahí reside su belleza.

Sin embargo, el *O'Clock* se obsesiona en convertir su vida en un mecanismo de relojería. Veamos algunas características de este perfil:

- Tiende a llevar una agenda milimetrada en la que llena cada casilla con una cita o actividad. Por eso, para quedar con él o ella siempre nos emplazará al siguiente hueco, tal vez de aquí a unas semanas.
- Tiene miedo a perder el tiempo, por eso necesita ser productivo. Paradójicamente, esto hace que no acabe disfrutando verdaderamente de nada, ya que todo se convierte en obligación y compromiso, con lo cual está perdiendo *su tiempo*.
- Se enfada a menudo ante la impuntualidad de los demás, o cuando las cosas no suceden con la eficacia que desearía. Esto hace que esté en un constante estado de irritación que puede llevarle a estar peleado con el mundo.

Contra este síndrome, puede aplicarse como remedio la máxima del poeta Juan Ramón Jiménez: «Si os dan papel pautado, escribid por el otro lado». Reservarnos tiempo para improvisar. Es decir, dejar en la agenda espacios en blanco para poder vivir también «de oído», según lo que nos dicte el momento, en lugar de ser un triste robot que ejecuta tareas.

Filosofía de la puntualidad pura

Immanuel Kant tenía tal obsesión con la puntualidad que se dice que sus vecinos de Königsberg (hoy la rusa Kaliningrado) ponían en hora sus relojes cuando el filósofo salía a dar su paseo vespertino.

El autor de *Crítica de la razón pura* todo lo hacía en punto. Se levantaba de la cama a las cinco en punto; daba el buenos días a sus alumnos a las siete en punto; escribía desde las nueve en punto hasta la una en punto, cuando se sentaba a comer; por la tarde debatía con su gran amigo Joseph Green hasta las siete en punto, regresaba a casa, leía y se acostaba a las diez... en punto.

Jamás rompió esta rutina. De hecho, jamás cruzó las fronteras de su pequeña ciudad.

Los extremos nunca son buenos, por lo que dudo que Kant disfrutara mucho de la vida. Una rutina tan rigurosa nos impediría ser flexibles y nos privaría de la libertad que necesitamos para crecer. Sin embargo, el filósofo alemán puede servir de ejemplo para aquellos que nunca llegan a la hora y se identifican con el sexto y último cronoperfil.

■ 6. El tardón

Shakespeare decía que «es mejor llegar tres horas antes, que un minuto tarde». Tal vez se le fue la mano con la frase, pero sin duda les vendría bien escucharla a aquellos que llegan tarde no un minuto, sino bastante más..., y además les parece normal.

Todos tenemos el típico amigo que emplea las excusas más diversas para justificar sus retrasos (a una compañera de trabajo que tuve hace años se le murió su abuela dos veces). Son los mismos que te dicen que hay cosas mucho peores que ser impuntual y que, cuando estás quedando con ellos para un plan, proponen: «Te paso a buscar entre las once y las doce», como si esa hora fuera algo vacío que pudieras despreciar. Eso cuando no te sueltan un «¡Que no se va a acabar el mundo porque uno llegue unos minutos tarde!».

No se dan cuenta de que el mundo sí se pararía si todos fuéramos como ellos, ni entienden que el cambio hacia la ansiada serenidad y productividad pasa por tomar conciencia del valor de cada minuto.

Podemos pensar que los impuntuales crónicos son personas desorganizadas, perezosas o sin disciplina vital, pero tras ese comportamiento se ocultan mensajes ocultos mucho más profundos y preocupantes que el mero despiste o las excusas como que «había mucho tráfico».

Hay tardones muy narcisistas, tanto que utilizan la impuntualidad como un mecanismo de poder para someter a quien los está esperando. Seguro que alguna vez te habrán dicho: «Llego tarde porque a mí no me gusta esperar»; o aquello de: «Las personas importantes no esperan, se hacen esperar».

Más allá de estas gracias tan poco graciosas se esconde alguien que se cree superior o con más derechos que los demás. «Es que tenía que acabar algo», se justifican, como si su tiempo valiera más.

Otros lo hacen por inseguridad, para retrasar el mal trago de un encuentro en el que temen sentirse rechazados o heridos; o por rebeldía, para dejar patente que no están de acuerdo con el motivo de la reunión, una insubordinación con la que no consiguen nada, salvo cabrear al personal y desautorizarse.

Para Pau Obiol, psicólogo de Isep Clínic Barcelona, muchos tardones crónicos padecen lo que él llama «la falacia de la planificación», que los lleva a subestimar el tiempo que necesitan para hacer una tarea: son personas con un sesgo cognitivo que les hace emitir juicios ilusorios e incorrectos del tiempo y de sus propios recursos.

Muchos de ellos son conscientes de que actuando así resultan maleducados e irrespetuosos y quieren cambiar su comportamiento, pero les cuesta enfrentarse a un hábito tan interiorizado. Yo misma lo compruebo cada día al haber pasado de vivir en Londres a Lisboa, dos ciudades en las que el tiempo discurre a diferente velocidad.

El problema es cuando, lejos de sentirse responsables, los tardones desprecian ese tiempo que te hacen esperar, llegando a mandarte mensajes del tipo «No te preocupes, que ya estoy saliendo de casa» cuando han pasado treinta minutos desde la hora de tu cita. ¡Sí que hemos de preocuparnos, y mucho!

Una vez oí que lo malo de ser puntual es que cuando llegas a tu cita no hay nadie allí para apreciarlo. No creo que sea una cuestión de ponerte medallas, sino de estar a la altura de nuestro precioso tiempo. «No sé cómo me las arreglo, pero siempre llego el último», suele decirme un amigo. Eso es porque todavía no ha leído nada sobre TM.

UN POCO DE SÍNTESIS

- El arte de vivir reside en saber distinguir entre lo urgente y lo verdaderamente importante.

- Aplazar obligaciones solo agrava el problema, cargando el tiempo de frustración.

- Hacer las cosas antes de tiempo a veces deriva en tener que asumir más trabajo que el que teníamos que realizar.

- La puntualidad llevada al extremo es un disparador de la ansiedad.

- No hay excusas que justifiquen la impuntualidad crónica.

TU MAPA DE PRIORIDADES

¿Dedicas tu tiempo a lo que realmente cuenta?

En la Navidad de 2018 tuvo mucho impacto un anuncio de Ruavieja, un fabricante de licores, protagonizado por mi amigo Rafael Santandreu. Recogía un experimento hecho con parejas de amigos o familiares que no viven en el mismo lugar.

Después de preguntarles con qué frecuencia se veían, les entregaban un cálculo del tiempo real que les quedaba por vivir juntos.

Dos amigas íntimas disfrutarían de un total de 44 días —todo sumado— hasta que una de ellas faltara. En el caso de dos «mejores amigos», que reconocían no tener ninguna otra amistad tan estrecha, lo que les quedaba por compartir eran 3 días y 6 horas.

Los resultados sorprendían a todos, que pronunciaban comentarios como: «No puede ser…», «Esto es terrible» o el habitual «Tenemos que vernos más».

Como giro final para el espectador, el experimento terminaba con un dato terrorífico del Instituto Nacional de Estadística. Por término medio, en los próximos cuarenta años pasaremos diez años delante de pantallas, entre el móvil, la tableta y la televisión. Si dedicamos un tercio del tiempo a dormir, eso significa que pasaremos más de un tercio de nuestra vigilia frente a una pantalla. Si no realizamos nuestro trabajo delante de un ordenador, eso quiere decir que la mayor parte de nuestro tiempo libre estaremos anestesiados por dispositivos digitales.

■ Vivir sin anestesia

Sí, he utilizado la palabra «anestesia», porque eso es lo que produce la adicción a las redes sociales. Lo trataremos más a fondo en la segunda parte de este libro, pero merece la pena dar un primer apunte sobre el tema.

La mayoría de las veces no navegamos para obtener información, formarnos o establecer una comunicación de calidad. Ni siquiera lo hacemos para disfrutar. Al deslizarnos de forma hipnótica por Instagram, Twitter, Facebook o dondequiera que busquemos entretenimiento, no solemos experimentar un placer especial. Simplemente, nuestros sentidos se adormilan y resulta más difícil pensar, plantearse preguntas.

Por lo tanto, nos hallamos ante una forma de evasión con el mismo motivo que la agenda a punto de explotar.

Mientras vamos «matando el tiempo» —¡qué expresión más terrible!—, evitamos pensar y, lo que es peor, no empezamos nunca aquello que desearíamos estar haciendo. Hace dos siglos, el filósofo H. D. Thoreau ya decía que «no se puede matar el tiempo sin herir a la eternidad». En nuestro caso, cada hora que tiramos a la basura es una puñalada a nuestra vida soñada.

De hecho, el recurso fácil de engancharse a las redes sociales, a los videojuegos o a las series de pago es *una forma encubierta de procrastinación*. Mientras parece que hacemos algo, lo que realmente deberíamos estar haciendo —visitar a un amigo, aprender algo nuevo, iniciar un proyecto— queda postergado una y otra vez.

■ Los cuatro cuadrantes de Covey

Son bien conocidos los cuatro cuadrantes sobre el tiempo que incluyó Stephen Covey en su clásico *Los 7 hábitos de la gente altamente efectiva*. Son los siguientes:

- *Cuadrante I*: importante y urgente
- *Cuadrante II*: importante, pero *no* urgente
- *Cuadrante III*: *no* importante, pero urgente
- *Cuadrante IV*: *no* importante *ni* urgente

Lo urgente es aquello que precisa atención inmediata, pero suele ser algo que es *importante para otra persona* —tu jefe, por ejemplo—. Lo importante es aquello que alimenta tus objetivos en la vida, tu propósito.

Covey dice que si vas aplazando lo importante, porque vas saltando de una urgencia a la siguiente, llegará un momento en que lo importante también se convertirá en urgente. Es decir, sumarás una urgencia más a las que ya tienes, con lo que vivirás en un escenario de crisis continua.

Veamos un ejemplo práctico: un ejecutivo instalado en el cuadrante 1 se pasa todo el día en lo que es importante y urgente, es decir, apagando fuegos en su oficina. Tiene otras cosas importantes en su vida, como su pareja y sus hijos, pero como no son urgentes (cuadrante 2), es decir, no tiene un *deadline*, va procrastinando su atención con excusas del tipo:

- Cuando me quite de encima este marrón del trabajo (error: porque después de una urgencia viene la siguiente), dedicaré más tiempo a la familia.
- Cuando lleguen las vacaciones, les compensaré por todo el tiempo que no les he dedicado (error: seguro que el ejecutivo se lleva trabajo a las vacaciones).

Así, de un «cuando» al siguiente, un día su pareja le comunica que no aguanta más su aislamiento, que todo el tiempo y energías vayan a parar a la empresa, y que quiere separarse. Lo que era solo importante ahora también es urgente. El «tenemos que vernos más» de los amigos del anuncio aquí ya no vale, porque el ejecutivo está a punto de perder a su pareja. Intenta también acercarse a sus hijos y los lleva a una comida en un restaurante con varias estrellas Michelin. Pero allí se da cuenta de que le cuesta hablar con ellos porque ha perdido el pulso cotidiano y lo desconoce casi todo acerca de sus inquietudes. Por otra parte, el móvil no para de reclamarle, porque la empresa se ha acostumbrado a que esté disponible las veinticuatro horas al día.

Resumiendo, el ejecutivo se ha metido en un buen lío. La excusa de que necesita trabajar tanto para darle todos los caprichos a su familia ya no sirve, porque ya no tiene familia. Se ha convertido en un extraño para ellos.

Cuando convertimos el cuadrante I (*lo importante y urgente*) en el centro de nuestra vida, este se hace cada vez más grande hasta que nos traga por completo.

Stephen Covey afirma que las personas que gestionan eficazmente su tiempo tienen su núcleo en el cuadrante II (*lo importante no urgente*). Reducen todo lo posible el cuadrante I y no se dedican demasiado a los cuadrantes III y IV.

En el cuadrante II están las cosas verdaderamente fundamentales de la vida:

- Tus relaciones personales, mucho más importantes que cualquier urgencia laboral.
- Proyectos creativos o iniciativas de cara a tu futuro, como mejorar tu formación o una idea empresarial.
- Medidas para tu salud, como hacer ejercicio, alimentarte bien, etcétera.

■ La buena noticia

En su libro *Las tres cosas que te quedan por hacer*, el *coach* uruguayo Mario Reyes propone hacer el siguiente ejercicio, con el que cerraré este capítulo.

Imagina que eres una persona de enorme éxito. Conduces un carísimo descapotable por una carretera elevada y llena de curvas que va serpenteando sobre la costa. Tienes el mar a tu izquierda y luce un sol radiante. Te diriges a la mansión que acabas de adquirir. Allí, un cocinero de postín está preparando tus platos favoritos para que los disfrutes con una compañía que te has procurado para este día.

Todo va viento en popa. Tu cuenta corriente está llena, tus negocios marchan mejor que nunca. Tal vez no hayas descansado mucho últimamente, es lo que tiene ocuparse de tantos frentes, pero por el resto no hay motivos para la queja.

Al tomar una curva sobre el acantilado, de repente tienes un microsueño. Quizá solo te has dormido una décima de segundo, pero cuando te das cuenta, tú y tu descapotable estáis cayendo al fondo del precipicio.

Segundos después, todo ha terminado. Te sorprende estar consciente en el coche convertido en chatarra cuando un hombre vestido de blanco se aproxima a ti con una sonrisa amable. Comprendes que es una especie de ángel que viene a llevarte al más allá, cualquier cosa que eso sea.

Antes, sin embargo, te formula una pregunta: *¿Cuáles son las tres cosas que te quedaron por hacer?*

Querido lector, te pido que te pongas ahora en situación y decidas, en el recuadro de aquí abajo, qué tres cosas importantes lamentarías no haber hecho si te tuvieras que marchar ahora de este mundo.

> ## Las tres cosas que te quedan por hacer
>
> 1..
>
> 2..
>
> 3..

Mario Reyes termina este ejercicio diciendo:

—Voy a darte ahora una buena noticia: estás vivo, puedes hacerlo.

UN POCO DE SÍNTESIS

- Las pantallas constituyen una forma sutil de procrastinar lo que en realidad deberíamos estar haciendo.

- Un buen gestor del tiempo no pasa la mayor parte del tiempo dedicado a lo urgente, sino a lo importante, donde se cumplen sus objetivos vitales.

- Es un grave error cancelar lo importante porque algo parece más urgente.

- Presta atención a tus prioridades en la vida antes de que sea demasiado tarde.

EL ARTE DE ENVEJECER BIEN

Tener un propósito alarga la vida

Estamos acostumbrados a medir el tiempo desde lo pequeño, programando nuestras horas o días, tal vez un año académico incluso, pero nuestra vida entera tiene sus propias estaciones. Vamos a hablar de eso un poco más adelante.

En la cultura mediterránea, muchas personas, al llegar a cierta edad, se molestan si les preguntas cuántos años tienen, como si el hecho de cumplirlos fuera algo vergonzoso. Contra esa visión absurda, un proverbio irlandés dice: «Nunca lamentes que te estás haciendo viejo, porque a muchos les ha sido negado ese privilegio».

En Japón, en cambio, alcanzarlos cien años se considera un gran honor, como si la persona se hubiera graduado en el arte de vivir.

Sea como sea, hay una regla que suele cumplirse en la madurez: *tal como se ha vivido, se envejece.* Y dado que la existencia consta de tiempo, a medida que nos vamos «graduando», vemos los frutos de cómo hemos gestionado nuestras horas y días.

Alguien que haya vivido con prisas, siempre al límite de sus fuerzas, llegará a la jubilación agotado y, con toda probabilidad, ingresará en una fase de gran desconcierto. Como veremos con detalle en el capítulo de la pausa activa, es muy difícil pasar de la actividad frenética a un parón absoluto. La persona hiperocupada de repente se siente inútil y no sabe cómo llenar su tiempo.

En estos casos, es común sufrir episodios de ansiedad e incluso depresión, lo cual puede llevar a desatender las necesidades del cuerpo y la vida social, propiciando un rápido deterioro.

En el otro extremo, una persona que haya sabido gestionar bien su tiempo llegará bien preparada para los «exámenes finales». Como no se habrá dedicado en exclusiva a trabajar, habrá podido ir descubriendo qué le apasiona, a qué le gustaría dedicar sus días cuando disponga de mucho más tiempo.

Utilizando un término japonés que se ha puesto de moda últimamente, habrá descubierto su *ikigai*.

■ La importancia de tener un *porqué* para vivir

Mis buenos amigos Francesc Miralles y Héctor García realizaron en 2015 un singular trabajo de campo en Okinawa, Japón. En concreto, en una aldea al norte de la isla llamada Ōgimi.

¿Qué tiene este pueblo de tres mil habitantes dedicado al cultivo de cítricos para que dos *gaijin* —extranjeros— se desplazaran hasta allí a estudiarlo? Posee algo muy especial: Ōgimi ostenta el récord Guinness mundial de longevidad, razón por la que a menudo lo llaman «la aldea de los centenarios».

Tras muchas gestiones con el ayuntamiento de esta localidad, finalmente Héctor y Francesc pudieron entrevistar a los más viejos del lugar. Querían que les contaran sus secretos para una vida larga y feliz, ya que los ancianos de esta aldea son admirablemente alegres y vitales.

Además de comprobar que estos maestros de la longevidad llevaban una alimentación saludable —aplican la ley del 80 por ciento: nunca se llenan demasiado— y una vida activa al aire libre y sin estrés, hubo una palabra que se repetía a menudo cuando les preguntaban «¿Cuál es tu secreto para una vida longeva?».

Muchos decían entonces que el *ikigai* era lo que los impulsaba a cuidarse y a mantener la ilusión. Este término puede traducirse como «propósito vital» o «razón de ser» y apunta al motivo por el que nos levantamos de la cama con energía para vivir un día más.

En el caso de los ancianos de Ōgimi, al ser una localidad rural, los *ikigai* más mencionados fueron el huerto —no hay allí una sola casa sin un huerto propio, que cuidan con gran amor— y encontrarse con los amigos por las tardes.

Sin duda, de haber realizado este estudio en una ciudad, el resultado habría sido distinto. El *ikigai* que nos aporta motivación puede ser la práctica de un arte, viajar, la lectura, una tarea social que dé sentido a nuestra existencia... Cada persona tiene su *ikigai*, y si no lo ha encontrado todavía, su misión será encontrarlo, puesto que, como decía Friedrich Nietzsche: «Quien tiene un porqué para vivir, puede resistir casi cualquier cómo».

Las 10 leyes de los centenarios japoneses

El ensayo de Héctor García (*Kirai*) y Francesc Miralles, *Ikigai. Los secretos de Japón para una vida larga y feliz*, ha sido traducido a 54 idiomas y se cierra con diez principios para el arte de vivir según lo que estos autores aprendieron de los ancianos de Okinawa:

1. *Mantente siempre activo, nunca te retires.* Quien abandona las cosas que ama y sabe hacer, pierde el sentido de su vida.

2. *Tómatelo con calma.* Caminando despacio se llega lejos.

3. *No comas hasta llenarte.* También en la alimentación para una vida larga, «menos es más».

4. *Rodéate de buenos amigos.* Son el mejor elixir para disolver las preocupaciones.

5. *Ponte en forma para tu próximo cumpleaños.* Por si alguien no lo recordaba, el ejercicio hace que se segreguen las hormonas de la felicidad.

6. *Sonríe.* Una actitud afable hace amigos y relaja a la propia persona.

7. *Reconecta con la naturaleza.* Estamos hechos para fundirnos con la naturaleza, vuelve a ella para cargar las pilas del alma.

8. *Da las gracias.* Dedica un momento del día a dar las gracias y aumentarás tu caudal de felicidad.

9. *Vive el momento.* Deja de lamentarte por el pasado y de temer el futuro. Todo lo que tienes es el día de hoy. Dale el mejor uso posible para que merezca ser recordado.

10. *Sigue tu* ikigai. Dentro de ti hay una pasión, un talento único que otorga sentido a tus días y te empuja a dar lo mejor de ti mismo hasta el final. Si no lo has encontrado aún, tu próxima misión será encontrarlo.

■ Regalos de la madurez

La publicidad y los deportes idolatran la juventud, como si fuera una época perfecta de la que el ser humano no debería moverse. Sin embargo, se trata de un periodo no exento de problemas y de sufrimiento. La persona se está definiendo en muchos sentidos —laboral, existencial y sexualmente—, depende de los padres y no suele disponer de un espacio propio y ni del dinero que necesita para sus proyectos.

Por otra parte, la persona joven es más vulnerable psicológicamente. Todo le afecta mucho más y sufre con más facilidad tsunamis emocionales. Este es el motivo por el que muchas personas, al recordar su adolescencia, afirman que por nada del mundo les gustaría regresar a esos tiempos.

Frente a toda esa inestabilidad, veamos los regalos que nos llegan con la madurez:

· *Independencia económica y personal.* En la madurez disponemos ya de un lugar estable donde vivir y de nuestro propio dinero, lo cual nos da poder de decisión sobre nuestra existencia.

· *Belleza interior.* A partir de cierta edad, la obsesión por el cuerpo queda en un segundo plano. Sin por ello descuidarnos, valoramos más —en nosotros y en otras personas— otras cualidades que no caducan con el tiempo.

· *Experiencia y relatividad.* Todo lo que hemos vivido nos permite mirar con distancia cualquier cosa que nos suceda. Ya no entramos en pánico a las primeras de cambio, porque hemos aprendido que nada es tan grave ni tan importante como parece.

· *Felicidad incondicional.* Las personas jóvenes tienden a pensar que serán felices cuando suceda esto o lo otro. Condicionan su bienestar a tener cosas de las que ahora carecen. Con la madurez, por el contrario, nos volvemos muy conscientes de la fugacidad del tiempo y, por lo tanto, saboreamos cada momento como si fuera el último.

· *Libertad genuina.* Con la edad, ya no nos importa tanto qué pensarán los demás de nosotros. Dejamos de hacer cosas en función de las expectativas ajenas, y esto es lo que nos permite vivir de forma genuina.

■ La montaña de la vida

El prestigioso psicólogo Joan Garriga, divulgador de la terapia Gestalt e introductor en Hispanoamérica de las constelaciones familiares, hace un símil muy bello del camino personal utilizando una montaña.

Durante la primera mitad de la vida la subimos. Es el momento de llenarnos de aprendizajes y experiencias, de ganar dinero, prestigio, amigos, de conseguir bienes materiales y proclamar nuestro lugar en la sociedad.

Una vez coronada la cima, cuando se alcanza el ecuador de la madurez, empieza el camino de bajada. Así como en la ascensión hemos aprendido a ganar, ahora se trata de *aprender a perder*. Y no hay nada negativo en ello.

A medida que descendemos la montaña, habiendo visto ya desde la cumbre cómo funciona el mundo, nos iremos desprendiendo de todo aquello que no necesitamos para poder ir más ligeros de equipaje.

Prescindiremos de relaciones que no nos aportan alegría, de obligaciones que no nos corresponden, de gastos que suponen una carga innecesaria, de compromisos que no constituyen nuestras prioridades. Vamos soltando, cada vez más sabios y ligeros.

Joan Garriga comentaba en una entrevista que le produce tristeza ver a alguien en la senda de bajada con actitud de ganancia, tratando de emular a los jóvenes. Personas que se matan en el gimnasio y se acaban lesionando, *peterpanes* irreductibles, veteranos que trabajan frenéticamente para adquirir cosas y presentarse como triunfadores.

Vivir de este modo nos puede causar grandes problemas en la salud, pero también de dinero, además de privarnos de los regalos de la madurez.

■ Ejercicio: ¿Cómo te gustaría ser recordado?

Terminaré este capítulo proponiendo un ejercicio que espero que no te parezca lúgubre. De hecho, es un ejercicio de vida. Más concretamente, ayuda a imaginar cómo deseas vivir el tiempo que te queda.

Para ello, te pediré que tomes la distancia de un periodista a quien le hubieran encargado escribir una reseña biográfica sobre ti después de tu muerte.

Redacta en una página los valores, logros y aportaciones de esta persona que eres tú en los años que aún no has vivido. Escribe la biografía que te gustaría leer desde el otro mundo, si eso fuera posible, la que refleja la manera en la que te gustaría ser recordado.

Una vez completada, programa lo que debes hacer para que tu vida se corresponda con ese ideal.

UN POCO DE SÍNTESIS

- Tal como hayamos vivido, así envejecemos.

- Tener un *ikigai*, una razón para levantarnos por la mañana, ayuda a vivir más y mejor.

- Si no sabes aún cuál es tu propósito vital, tu misión será descubrirlo.

- La madurez presenta muchas más ventajas que inconvenientes.

- En la segunda mitad de la vida, se trata de «soltar» en lugar de adquirir.

- Cuando sabes cómo deseas ser recordado, ya tienes una hoja de ruta para tu vida.

2
AHORRA TIEMPO

EL *TRACKING* DE TU TIEMPO

Atrévete a saber en qué gastas tus horas

Muchas noches, al meternos en la cama nos preguntamos adónde se nos han ido las horas del día que termina, como si estas tuvieran vida propia y nos rehuyeran, y no fuéramos nosotros los que las desperdiciamos.

Al darnos cuenta de que hemos vuelto a fallar —a fallarnos a nosotros mismos, que es peor todavía—, otros pensamientos se suceden como una apisonadora que machaca nuestra moral. Uno muy típico: «Cada vez me siento más cansado y el tiempo no me cunde». Y el peor de todos: «Hoy no he tenido ni cinco minutos para mí, para hacer lo que me gusta».

Así que nos convencemos de que merecemos un premio antes de dormir..., lo que suele traducirse en malgastar otro rato extra en Instagram o en cualquier otra red. La que menos me haga pensar, porque estoy agotada. Con un poco de suerte, un capítulo de alguna serie en la tableta.

En el peor de los casos, tal vez añadamos a la fatiga y la frustración un copazo de alcohol que nos hará dormir peor y no resolverá el problema. El doctor Andrés Martín Asuero, que trajo el mindfulness a España después de trabajar con Jon Kabat-Zinn, dice que «el problema no es tanto el estrés que sufrimos, sino cómo reaccionamos ante ese estrés». Es decir, cómo tratamos de compensar una pésima relación con nuestro tiempo.

Incurrimos en estas conductas destructivas cuando no nos reservamos un tiempo de ocio consciente y elegido por nosotros. A última hora, lo sustituimos con otro fácil que nos va a robar tiempo y calidad de descanso. Y lo que es peor: nos hará empezar el día siguiente arrastrándonos. Y así pasan no solo los días, sino también las semanas, los meses y los años de vida. Siempre de cabeza, con el piloto automático puesto, sin prestar ninguna atención a las horas que van diciendo adiós (qué decir de los minutos, tan valiosos, cada uno con sus sesenta segundos).

Si nos encontramos en esta situación o en cualquier otra que no se ajuste a lo que consideramos deseable, es hora de poner remedio. Y para ello, como no podría ser de otro modo, hemos de empezar por saber con exactitud dónde radica el problema.

■ ¡Necesito un diagnóstico!

En *Money Mindfulness* me atreví a decir algo que a nadie le gusta oír: el punto de partida para sanar nuestra economía es hacer números. Por engorroso que parezca, es necesario medir nuestros ingresos y gastos con una rigurosa e inquebrantable exactitud.

Nos encanta contar las cosas más diversas: los pasos que damos en un día, las pulsaciones mientras andamos en bici o las calorías (¡qué me decís de las calorías!), y mi marido —que tiene un problema congénito de colesterol— se pasa el día calculando las grasas saturadas que come. Sin embargo, del mismo modo que nos da pereza calcular nuestras finanzas personales, pocas veces nos preocupamos de hacer un seguimiento detallado para averiguar dónde gastamos nuestro tiempo.

Cuando nos duele cualquier parte del cuerpo, vamos al médico para que nos haga todo tipo de atrocidades con tal de conseguir, a cambio, ese par de folios con un sinfín de indicadores analíticos. Muchas veces no alcanzamos a comprender la mitad de ellos, pero nos tranquilizan porque, después de las pruebas, «al menos ya sabemos lo que hay».

Pues bien, en este capítulo te mostraré la forma de saber lo que hay con relación a tus veinticuatro horas. Aprenderemos a valorar si las usamos bien o mal, y solo después podremos hacer ajustes, prestando atención a cada minuto.

Hacer un seguimiento de tu tiempo te ayudará a entender cómo lo estás gastando realmente, en lugar de *cómo crees que lo estás gastando*. Ya no podrás decir nunca más «no sé por dónde se me va el tiempo». Comprobarás que está todo ahí, esperando a que lo aproveches como es debido.

■ En busca de las horas perdidas

No es el título de una novela al estilo de Proust ni de la nueva película de Indiana Jones, sino el primer reto que has de afrontar.

Para tomar el control de tu tiempo has de saber dónde están las fisuras, incluso las que parecen mínimas o despreciables, y para descubrirlo tendrás que comenzar por apuntarlo todo. Esto te permitirá mantener una relación más sana y equilibrada con tu trabajo, con tu espacio de ocio y con tu vida en general, ya que la claridad de una plantilla te dará la opción de establecer límites donde sea necesario.

Fíjate que he mencionado una de las palabras más terroríficas del diccionario: «plantilla». Y es que el único inconveniente de hacer un diagnóstico es que va a exigirnos que lo vayamos apuntando todo a tiempo real.

No vale hacerlo de memoria. Nuestra mente nos engaña, así que no basta con que al final del día le preguntes qué ha pasado desde que te has levantado. Al principio del libro ya vimos cómo cambia la percepción de nuestro tiempo según la actividad que estemos realizando.

Por este motivo, no queda otra que ponerse manos a la obra y empezar a hacer un seguimiento: el *tracking* de nuestro día.

Para ello nos ayudaremos de la herramienta que más se adecúe a nuestra situación y personalidad. Puedes utilizar una plantilla en papel o cualquiera de las aplicaciones disponibles a golpe de clic. Algunas son de pago, pero casi todas tienen una versión de prueba gratuita que te permitirá ver si se adapta a tus necesidades y si vale la pena pagar por el trabajo que te ahorra.

Lo más probable es que tu propio teléfono te facilite el ejercicio diciéndote el tiempo que pasas en las distintas aplicaciones y redes sociales. Entra en «configuración», «ajustes» o similar, dependiendo de la marca, y encontrarás una opción sobre el tiempo de uso del dispositivo.

Te advierto que el primer día puede resultar aterrador comprobar no solo cuánto tiempo lo has tenido encendido, sino también cuántos minutos (horas) de ese tiempo los has destinado a aplicaciones que no te conducen a nada bueno.

Terrores aparte, y bien nos sirvamos de una aplicación ad hoc o de un sistema casero de anotaciones, estoy convencida de que va a ser una experiencia muy reveladora. Después de una semana haciendo este ejercicio, tendrás una idea mucho más clara de adónde se va tu tiempo e identificarás tus agujeros negros, esos succionadores cósmicos a los que van a parar nuestras horas perdidas.

▪ La plantilla

Puedes crear tu propia plantilla, o emplear y adaptar la que te propongo a continuación. Si nunca has hecho este ejercicio, sin duda será un buen comienzo.

Antes de coger el boli y empezar a apuntar, deja que comparta contigo algunas claves:

✔ Esto no equivale a tener una agenda para planificar tu día, eso ya llegará. Lo que vamos a hacer es registrar con detalle todo lo que realizamos durante un día. Con independencia de a qué nos dediquemos, de cuáles sean nuestros propósitos en la vida, nuestros objetivos y responsabilidades (que nos ayudarán a priorizar y a planificar, como veremos más adelante), todos partimos de las mismas veinticuatro horas. Así que vamos a controlarlas de cerca.

✔ Lo ideal es que no haya espacios vacíos en tu hoja, ya que realmente tampoco los hay en tu día. Por ello, apuntaremos cada tarea que emprendamos y también cada vez que la interrumpamos, incluso cada vez que nos distraigamos. Cuando cambies de actividad, ya sea respondiendo al correo electrónico, elaborando un informe, tomando café o charlando con colegas, habrá que anotar la actividad respectiva y la hora del cambio.

✔ Como el simple hecho de apuntarlo todo te hará más consciente, que es lo único que pretendemos en este primer estadio, intenta no condicionar tus respuestas, ni tampoco cambies tu comportamiento. Queremos saber adónde se va nuestro tiempo, tener una imagen precisa de lo que hacemos, de cómo invertimos nuestro tiempo durante el día.

Fecha y día de la semana	Actividad realizada	Hora de comienzo	Hora de finalización	Duración	Nivel de energía	Nivel de concentración	Número de interrupciones	Valor

Fecha y día de la semana

Es recomendable que empieces el ejercicio en una semana que sea representativa, pero no por ser especial, sino por ser habitual. No lo hagas justo antes de irte de vacaciones, ni de entregar un proyecto importante. Seguramente no tendrás tiempo para rellenar una plantilla.

Si lo que más te preocupa es tu productividad en el trabajo, empieza haciéndolo solo durante las horas laborales, aunque yo te recomiendo ampliar el estudio al total de tus horas. En materia de aprovechamiento del tiempo, es difícil establecer compartimentos estancos porque todo está conectado. *Si gestionas mejor tu ocio por la tarde-noche, rendirás más en el trabajo por la mañana.*

Si trabajas desde casa, todavía es más importante que hagas un *tracking* de tu tiempo. Muy probablemente, durante tus horas de supuesto trabajo pones la lavadora y empiezas a hacer la comida; y mientras ves *Juego de tronos* contestas algún que otro correo electrónico sobre las reuniones del día siguiente.

Actividad realizada

Cuando digo actividad, me refiero a cualquier cosa que hagas, tanto a nivel físico como intelectual: desde tus rutinas por las mañanas, el tiempo que pasas desplazándote en transporte propio o público, en el trabajo, comiendo, leyendo, viendo la tele, practicando deporte...

También cuenta, por supuesto, el tiempo que dedicas a no hacer nada. A este punto importantísimo dedicaremos un capítulo entero, pero ten en cuenta desde este mismo momento algo trascendental: *entrar en las redes sociales no equivale a hacer nada.* De hecho, no hay nada más diferente a hacer nada que poner a trabajar a tu cerebro a una velocidad de cien mensajes por minuto.

En lo que se refiere a tus actividades laborales, puedes distinguir entre tareas administrativas y otras más productivas. Registra el tiempo que dedicas a responder correos electrónicos o a enviar mensajes a través de otro tipo de redes.

Hora de comienzo, hora de finalización y duración

Puedes apuntar la hora de inicio y la duración. O bien la hora de inicio y de finalización, y, al final del día, repasar la plantilla y calcular todas las duraciones de las tareas para que esta labor no suponga una interrupción añadida.

Nivel de energía (1 = agotado; 2 = neutro; 3 = energético)

Aunque lo desarrollaremos más adelante, te avanzo que para una mejor gestión del tiempo es fundamental perfeccionar la gestión tanto de la energía como de la atención.

A modo de ejemplo, si por las mañanas te muestras más energético y creativo, deberías dedicar este tiempo a realizar las tareas más importantes para el cumplimiento de tus objetivos. Cuando tu nivel de energía sea menor, podrás emprender las tareas más mecánicas, devolver llamadas o gestionar el correo. Para ello tendremos en cuenta no solo tus biorritmos, de los que te hablaré con detalle, sino también otros hábitos como son los descansos que te tomas, cuándo comes y lo que comes.

Ya lo iremos descubriendo; de momento destierra la pereza y ve apuntándolo todo.

Nivel de concentración (1 = baja; 2 = neutra; 3 = alta)

Conseguir un nivel alto de concentración en todo lo que llevamos a cabo es realmente la finalidad de este método. No podría ser de otra forma al estar basado en el mindfulness, que no es otra cosa que prestar atención plena al instante presente. Si lo he incluido en la plantilla del *tracking* es para tener una información de partida sobre cuáles son los periodos del día y las actividades que hemos de trabajar con más intensidad.

Interrupciones

En esta plantilla deberás apuntar sin más el número de interrupciones. En el siguiente capítulo referente a los ladrones de tiempo detallaremos el contenido de dichas interrupciones. Te vas a quedar sorprendido del número de veces que cambias de tarea. La hoja se te va a quedar pequeña, pero insisto: no dejes de apuntarlo todo.

Valor (alto, medio, bajo, ninguno)

El valor está en relación con el cumplimiento de los objetivos que tienes asignados o que has definido para ti. Así identificaremos el tiempo que estamos perdiendo en actividades que no nos reportan ningún valor. Ello nos ayudará a identificar y a priorizar tareas; y, en un momento posterior, incluso a delegar o a eliminar tareas, lo que te permitirá concentrarte en las de alto valor.

Sé lo que hiciste el lunes a las nueve de la mañana

Rescue of time, una de las aplicaciones para el seguimiento del tiempo que he mencionado, analizó en 2017 la información de miles de usuarios de todo el mundo correspondiente a un periodo de doce meses, más de doscientos veinticinco millones de horas. Estas son algunas de las conclusiones, considerando una jornada laboral de ocho de la mañana a seis de la tarde de lunes a viernes (aunque ya avisan que uno de nuestros más graves errores de planificación consiste en asumir que tenemos ocho horas de trabajo productivo cada día, cuando está acreditado que solo contamos con doce horas y media a la semana):

—Normalmente somos más productivos de 10:00 a 12:00 horas y de 14:00 a 17:00 horas.

—Comenzamos el día con el correo electrónico, que no dejamos de consultar, siendo esta la actividad ganadora el lunes a las 9:00 horas cada mañana. A partir de entonces lo revisamos —al igual que otras aplicaciones para la comunicación— cuarenta veces al día.

—En un día usamos de media cincuenta y seis aplicaciones y sitios web diferentes.

—Si nos preguntan, diremos que nunca consultamos las redes sociales durante la jornada laboral, aunque la realidad es que entramos catorce veces al día, pasando en redes un 7 por ciento de cada jornada laboral.

—Saltamos de una a otra tarea trescientas veces al día. Considerando que estos datos son los de personas que usan una aplicación para la gestión del tiempo, probablemente el número de nuestras interrupciones y el tiempo que pasamos distraídos sea aún mayor. En tu mano está proteger tu tiempo como mereces.

¿Qué pasa en casa?

Quizá te parezca una exageración llevar también un *tracking* de lo que haces en casa. Una plantilla para nuestra vida personal... ¡lo cierto es que no suena muy atractivo!

Puede que estés pensando cosas como estas: en mi caso no es necesario, para que un matrimonio y una familia funcione basta con querernos y cuidarnos unos a otros; las tareas del hogar parece que se hagan solas, no hace falta ni repartirlas, no son en absoluto una carga; incluso sabemos cuándo tenemos que darle tiempo o espacio a nuestra pareja, y desde luego que lo hacemos; sin discusiones, ni una palabra más alta que otra, de forma fluida, hoy por ti y mañana por mí; siempre nos acordamos de las fechas importantes, que además son igual de significativas para todos y las celebramos juntos y en armonía...

En un mundo idílico, tal vez sea cierto. En el mundo lleno de caos y de complicaciones y de estrés que nos toca vivir, no suele ser así.

El bebé llora y duerme mal por las noches; hay que preparar los baños de los niños y ayudarlos con la maqueta, llevarlos al médico, recogerlos de las extraescolares y asistir a las reuniones de la APA, incluso a algunos cumpleaños. Hay que doblar la ropa y sacar la compra mientras hablas por teléfono, una llamada que quizá sea de trabajo; hay que discurrir qué comemos y cenamos cada uno de los santos días de la semana, además de hacer la compra y cocinar, y encima nos han pasado la factura del seguro y no teníamos saldo en la cuenta.

Todo nos pilla muy cansados, pero algo de fuerza sacamos para enzarzarnos en una discusión sin final feliz.

Si a esto unimos que la sociedad se ha esforzado durante siglos para tatuarnos en la mente a qué miembro de la pareja le corresponde hacer unas tareas u otras, quizá empiece a no ser tan mala idea el llevar nuestro *tracking* de actividades a nuestro hogar, ¿no te parece?

Nos va a ayudar a hacer visibles muchas labores que pasan desapercibidas. Incluso algunos descubrirán por qué suerte de magia nuestra ropa está limpia y doblada en cajones, y la de los niños, siempre de la talla adecuada, preparada para el día siguiente encima de la silla, donde además espera lista la mochila del fútbol.

Aunque pueda parecer un engorro al principio, el *tracking* familiar del tiempo facilita las conversaciones y permite ejercer un mayor control sobre nuestras vidas.

▪ Una tarea de amor

Como dice Bon Jovi en su canción *Labour of Love*: «El amor es un trabajo a tiempo completo, 24 x 7, que nunca termina».

El título de esta canción también es el nombre de una aplicación para la gestión de las tareas domésticas. La idea surgió cuando Bob, su creador, se percató de la cantidad de discusiones que tenía con su esposa sobre las labores de casa. El día en que Catalina —así se llama ella— comenzó un nuevo trabajo con mucha mayor responsabilidad, y que a buen seguro iba a hacer aún más complicada la conciliación, decidió buscar otra forma de hacer las cosas.

La novedad con respecto a otras aplicaciones similares es que, en esta, los usuarios atribuyen a cada tarea unos puntos que van acumulando hasta que tienen suficientes como para canjearlos por recompensas previamente fijadas: noches con los amigos, más tiempo para uno mismo...

Como Bob y Catalina son muy competitivos, este sistema les funciona a las mil maravillas. Sobre todo, porque ambos saben bien que el objetivo final no son las recompensas. Lo que buscan es un cambio de comportamiento real y consistente en el largo plazo. Y, entretanto, esos pequeños premios sirven de incentivo y ayudan a apreciar el trabajo que cada uno realiza.

El alcance del cambio depende de los usuarios; la aplicación no está diseñada para igualar el trabajo doméstico, pero lo que casi siempre pone de manifiesto es que la sobrecarga de trabajo tiende a recaer en las mujeres, madres y trabajadoras, mientras su pareja vive en la ignorancia y el egoísmo de pensar que lo que uno hace es siempre lo más importante. En su versión premium, *Labour of Love* permite incorporar a más miembros de las familias en las tareas.

Catalina dice sentirse menos estresada desde que comenzaron a utilizar la aplicación: «La carga de asegurarse de que tengamos leche para el desayuno o que la ropa esté limpia ya no me corresponde solo a mí».

Family Points

Tengo una amiga, María Matencón, a la que conocí en un retiro de yoga en Ibiza. Una tarde, hablando después de una sesión de meditación, me contó que estaba allí porque había acumulado suficientes *Family Points*.

Cuando nació su segundo hijo, ella y su marido dejaron de hacer casi todas las cosas que les gustaban, ya que ambos tenían que estar pendientes de los niños todo el tiempo. Pero cuando el pequeño cumplió dos años y ya era viable que se ocupase de ellos un solo miembro de la pareja, idearon este sistema para ganar tiempo libre y recuperar respectivamente sus *hobbies*.

A partir de entonces no vale terminar de trabajar y despedirse con un «tengo tenis, nos vemos luego». Primero hay que ganárselo, acumular puntos canjeables.

Cuando uno quiere eximirse de las obligaciones familiares que tiene durante su tiempo fuera del trabajo, pregunta al otro si le puede cubrir. Si hay consenso y es posible, el que se queda a cargo gana *Family Points*, que luego destinará a sus cosas.

No se trata de dejar de lado la vida en pareja y en familia que tanto les gusta y les aporta, sino de generar espacios sin dar lugar a discusiones ni resentimientos.

> Se trata de valorar cada minuto entregado a la familia y, asimismo, no caer en el error de pensar que mis minutos de tiempo libre valen más. Puro TM.

■ Bondades del *tracking* familiar

El *tracking* de nuestro tiempo es solo el primer paso, pero también un paso fundamental. Te hará más consciente de cómo utilizas tu tiempo tanto en el trabajo como en casa.

Visualizar la realidad de la pareja al detalle —sin dejar espacio para lo que creemos que es— y, por ende, tomar conciencia de la dedicación y entrega de cada uno al proyecto familiar, facilitará la comunicación y nos permitirá identificar los momentos de calidad que nos hacen más felices para trabajar el resto, de modo que todos estén a la altura.

Hace unos meses leí en el *New York Times* un artículo de la escritora Amy Westervelt en el que contaba cómo su marido, consultor de eficiencia de la industria de la automoción en Japón, le propuso afrontar el funcionamiento de la familia al «estilo Toyota». ¿Sabéis qué le contestó? ¡Ni se te ocurra meter tus hojas de cálculo en mi vida personal!

Pero él la convenció de que aquel método basado en el *kaizen* (mejora continua) era mucho más que una hoja Excel, y lo pusieron en práctica. Los objetivos de empresa fueron sustituidos por las metas de la pareja; lo que no cambió fue que se dedicaron a reunir todos los datos posibles, hasta los más ínfimos, y después se sentaron a discutir cómo podían acercarse más a aquellas metas.

Descubrieron patrones y fueron fijando máximas que ya no podían saltarse (dormir un mínimo de cinco horas y media —lo cual es insuficiente—, ir al trabajo en tren para poder seguir en bici desde la estación y mover un poco el esqueleto antes de empezar la jornada laboral...).

A la vista de los datos recogidos, finalmente decidieron renunciar a sus trabajos, vender su cara vivienda y mudarse a un lugar más barato y en el cual poder potenciar esos momentos —ese tiempo— que realmente les hacía felices.

Un cambio radical que a ellos les pareció de lo más natural. Y es que ahí estaban los datos para certificar que era la opción más acertada.

Conocer tu tiempo es empezar a tomar las riendas del mismo. Supone el inicio de una vida más próspera y equilibrada.

UN POCO DE SÍNTESIS

- Tal como sucede con las enfermedades del cuerpo, un diagnóstico de nuestros hábitos temporales nos permitirá sanar nuestra agenda.

- Navegar por las redes sociales no equivale a «no hacer nada».

- La calidad de nuestra gestión del tiempo depende en buena parte del número de interrupciones.

- Hay aplicaciones diseñadas para remediar el desequilibrio entre las tareas que genera tantos conflictos en las parejas.

- No podemos tomar las riendas de nuestro tiempo sin antes conocer de forma precisa lo que hacemos con él.

LOS LADRONES DE TIEMPO

Cómo poner fin a las fugas

Napoleón Bonaparte ya advirtió de que «hay ladrones a los que nadie castiga pero que nos roban lo más preciado que tenemos: el tiempo».

Como podemos ver, este problema no es nuevo. Desde mucho antes de que naciera el militar francés, los humanos hemos estado expuestos a parecidos ladrones de minutos. Y si no los hemos arrojado de inmediato a una celda oscura y hemos tirado la llave ha sido porque no éramos conscientes de que realmente son ladrones de dinero y de vida. Esto ya suena más serio, ¿verdad?

Como veremos en este capítulo, si en tiempos de Napoleón ya hacía falta una celda bien grande para los ladrones de tiempo que andaban por ahí, en nuestra era tecnológica necesitaríamos una cárcel completa.

▪ Ladrones cotidianos

En un plano superficial o cotidiano —pero no menos importante—, podemos empezar haciendo una relación con unos cuantos ladrones conocidos por todos:

- *Gente desocupada.* Está comprobado que quienes más pierden el tiempo son expertos en consumir el de los que menos tienen. Recuerdo mis primeras semanas en el colegio mayor, cuando fui a la universidad para estudiar la carrera de Económicas. Durante el primer mes, siempre aparecía alguien en la habitación para llenar el tiempo sin hacer nada de provecho... Y seguro que yo, sin darme cuenta, también les robaba el tiempo a mis nuevas amigas.
- *Compromisos sociales.* Encuentros a los que asistimos bien por obligación o porque no sabemos cómo negarnos. Más adelante dedicaremos un capítulo entero al arte de decir «no». De momento, pien-

sa que cada vez que dices sí a una cosa de forma automática, estás diciendo no a otra que seguramente te importa mucho más. Cuantos más síes no conscientes otorgues, más lejos estarás de alcanzar tus verdaderas metas y propósitos.

· *Compras de última hora.* ¿Cuántas veces vamos a comprar sin planificar la lista «por falta de tiempo»? No nos damos cuenta de que esta forma irreflexiva de actuar nos roba muchísimo más tiempo del que creíamos estar poniendo en juego, dado que terminamos yendo a comprar más veces y a más tiendas, amén de que además suelen ser más caras porque, una vez que hemos roto la rutina, también cesamos en nuestra atención al gasto, dejándonos llevar por la inmediatez.

· *Grupos de WhatsApp o Messenger.* Desconocidos hace dos décadas, son verdaderos devoradores del tiempo. A no ser que se trate de una obligación laboral o de que los hayas escogido de forma consciente como un medio para comunicarte con aquellos que te importan, salirse educadamente de los grupos equivale a cortar una fuga de segundos, minutos y horas que acaba vaciando nuestra vida.

Estos son solo unos ejemplos. Cada persona tiene sus propios ladrones cotidianos de tiempo, que se deben detectar y poner a buen recaudo. Entretanto dedicaré los siguientes apartados a una serie de criminales que merecen una mención especial.

■ El correo electrónico

El *e-mail* no es un medio urgente de comunicación, así que no has de reaccionar como si lo fuera. *Si te dedicas a ser el gestor de tu correo en vez de hacer tus tareas principales, estarás dejando que otros marquen tu agenda,* que decidan a qué dedicas tu tiempo y energía. Tal vez te mantengas ocupado, pero eso es solo un espejismo de ser productivo. Estarás alejándote de tus objetivos.

Kevin Kruse, de quien ya hemos hablado en el capítulo titulado «Por qué el tiempo es dinero», detectó que uno de los hábitos de la gente muy productiva es que no se pasan el día revisando una y otra vez su correo electrónico. Lo hacen solo *entre una y tres veces al día*. Programa en tu agenda un tiempo para leer y gestionar tus correos electrónicos. Cuando lo hagas, puedes aplicar el siguiente método:

1. Si el correo implica hacer algo que lleva menos de dos minutos, hazlo ahora. Si va a llevarte más tiempo, incluye la tarea en tu agenda o calendario.
2. Si puedes delegar la tarea, reenvíalo de inmediato.
3. Si puedes deshacerte de él, elimínalo. O archívalo, si lo consideras necesario, pero en un lugar donde vayas a encontrarlo sin perder tiempo (puedes crear carpetas por proyectos).

Otros consejos que te ayudarán a tener el correo al día:

- Bórrate de todas las *newsletters* que acumulas sin prestar atención alguna, y aquellas en las que quieras estar que vayan directamente a una carpeta que ya visitarás en el tiempo programado para su lectura.
- Desactiva las notificaciones que interrumpen tu concentración con las consecuencias que veremos más adelante.
- Antes de reenviar o poner en copia —abierta u oculta—, aplica el TM y piénsalo de forma consciente. Si envías menos correos, recibirás menos correos. ¿De verdad todas esas personas a las que pones en copia han de decidir u opinar sobre cada paso? ¿Tienen alguna responsabilidad en el asunto o simplemente están en copia porque no te has molestado en quitarlos?
- Informa al destinatario de la siguiente acción en la primera línea del correo: no requiere respuesta, para tu información, acción requerida, etc.

No vayas al baño con tu jefe

El equipo de la campaña de Adobe hizo una encuesta en 2017 a más de mil empleados de oficina de Estados Unidos sobre su uso del correo, y las conclusiones fueron escalofriantes: *lo revisan prácticamente las veinticuatro horas al día sin importar ni dónde se encuentran, ni con quién o qué están haciendo.*

En promedio, los encuestados informaban que se pasan con el correo electrónico del trabajo 3,3 horas al día, que muchas veces revisan en casa; y 2,1 horas con el personal, que también revisan desde el trabajo.

El 36 por ciento dice que prefiere comunicarse con sus colegas de trabajo por correo electrónico. El 22 por ciento de los encuestados cree que comprueba el correo electrónico «demasiado», lo cual significa que al otro 78 por ciento la actividad descrita le parece «normal». Como suele decirse, y ya que hablamos de Estados Unidos: «Houston, tenemos un problema».

■ Las reuniones

A lo largo de mi vida laboral he asistido a muchas reuniones. Por eso no me sorprendió el resultado de la encuesta que la Harvard Business School y la Universidad de Boston realizaron a cerca de doscientos altos directivos de empresa: el 71 por ciento opinaba que las reuniones son ineficientes e improductivas, y el 65 por ciento consideraba que les impedía acabar su propio trabajo.

Las reuniones no son ladronas de tiempo, son asesinas. Por lo general no siguen unas pautas organizativas, no asisten las personas adecuadas, comienzan tarde y se alargan más de la cuenta. Dado que los asuntos que se van a tratar y los tiempos de intervención no están planificados, al final son siempre los más extrovertidos o los más «trepas» quienes las monopolizan, aunque otros sepan o puedan aportar mucho más.

Mark Cuban, empresario e inversor estadounidense, dice: «Nunca vayas a una reunión a menos que alguien te esté extendiendo un cheque». Steve Jobs solía tener sus reuniones andando. Richard Branson declara con su habitual agudeza que «es raro que una reunión tenga que durar más de cinco o diez minutos», un límite que se está poniendo el mismo Zuckerberg.

Si quieres diseñar la agenda de una reunión eficaz, puedes comenzar por fijar los siguientes puntos:

- Determina cuál es el objetivo de la reunión.
- Haz una lista de asistentes (en Google tienen un máximo de diez personas; Steve Jobs añadía: «Si no tienes una buena razón para estar, no estés»).
- Dispón quién va a actuar como moderador. Su principal tarea será, nada más empezar, recordar la duración de la reunión.
- Incluye en la agenda cualquier propuesta de los participantes para no dejar espacio para las sorpresas ni para temas espontáneos.
- Obvia decirlo, los teléfonos están prohibidos.

El cobertizo de bicicletas

Cyril Northcote Parkinson, un prolífico profesor y autor de sesenta libros, enunció hace más de medio siglo la llamada «ley de la trivialidad», que explicó con la historia del cobertizo de bicicletas.

Cuenta que un comité tuvo que aprobar la construcción de una planta nuclear, lo cual hizo sin apenas discusión o deliberación, ya que era una decisión muy importante que solo podían valorar un puñado de expertos a quienes todo el mundo respetaba.

Un poco más tarde, el mismo comité tuvo que decidir el color del cobertizo para guardar las bicicletas del personal. ¿Qué ocurrió? Que todo el equipo se involucró y se enzarzó en un eterno debate sobre este tema trivial, pero del que todos podían opinar, y al que se le dedicó mucho más tiempo y energía que a la decisión sobre la construcción de la central.

En la vida diaria pedimos consejo sobre mil decisiones triviales que dan lugar al «efecto del cobertizo de bicicletas» (más en mi caso, que tengo cinco hermanas y dos hermanos). Cuando no te quede más remedio que hacerlo, ahorra tiempo de la siguiente forma:

1. Valora los consejos según el conocimiento y la experiencia de quien te los da, decidiendo si es una fuente a la que quieres escuchar.

2. Si es posible —y casi siempre lo es— utiliza criterios objetivos para evaluar la situación. Los juicios subjetivos no suelen ser concluyentes. Haz tu propia lista de pros y contras de cada opción.

Y en lo que a tu opinión se refiere, recuerda que discutir durante horas solo para ganar la discusión va radicalmente en contra del TM.

■ Las interrupciones

Basta con que mires al día de ayer prestando atención a cada momento vivido (en el trabajo y en el ocio) y tomarás conciencia de la cantidad de interrupciones que exigieron tu atención y te sacaron de tus tareas.

¿Trabajas en una oficina diáfana o con paredes que no llegan hasta el techo? ¿Tienes mesa compartida? Si es así, sabrás que las interrupciones se multiplican. ¿Cómo va esta hoja de cálculo? ¿Por qué se me va el wifi? ¿Dónde podemos ir a almorzar para cambiar un poco? La lista es interminable... Para evitarlo, algunos llevan auriculares, otros van a trabajar con jersey deportivo y se suben la capucha.

Peligros del *coworking*

En los últimos tiempos se han puesto de moda los espacios de *coworking*.

Entre sus ventajas se encuentra la posibilidad de hacer comunidad, de atraer talento, su flexibilidad y supuesto ahorro (cuidado porque hay algunos tan sofisticados que te ofrecen mesas por el precio de una oficina convencional entera).

La agencia de eventos en la que trabajaba en Londres se ubicaba en un modernísimo espacio de *coworking* en la City. Nuestros vecinos de mesa eran un actor y un presentador de televisión, ambos empleados de una empresa de marketing. Se pasaban al teléfono la mayor parte del día, sacando chispas a las técnicas de venta con sus voces radiofónicas. Habían sido recolocados en varias ocasiones, y continuamente se acercaban los vecinos a quejarse por el volumen que eran capaces de extraer a sus cuerdas vocales y por la forma teatral y siempre exagerada con la que celebraban sus ventas.

Cuando tenía que hacer una propuesta, mis propias llamadas a proveedores o cerrar un presupuesto, estas tareas se volvían muy complicadas. Por lo demás, eran unos excelentes compañeros, a los que contratábamos para presentar nuestros propios eventos —el *networking* funcionaba—, y siempre estaban dispuestos a ayudarte y, cómo no, a tomar un té.

Dependiendo de tu profesión, tal vez hayas de tomar medidas más drásticas. Las enfermeras del sistema de hospitales de Estados Unidos usan bandas o chalecos de colores brillantes para evitar interrupciones mientras preparan los medicamentos para los pacientes. Otros hospitales marcan «zonas sin interrupción» cerca de los dispensarios de medicamentos, usando cinta adhesiva roja en el suelo o baldosas de diferentes colores.

Según el *International Journal of Stress Management*, los empleados que experimentan interrupciones frecuentes sufren una tasa de agotamiento un 9 por ciento superior a la media, así como un aumento del 4 por ciento en dolencias físicas como migrañas o dolores de espalda. Esto se debe al cambio repentino del ritmo de trabajo. Acabamos sacando las tareas, pero en menos tiempo y con más desgaste, estrés, frustración y presión.

Un problema añadido: *una vez han sido interrumpidos, la mayoría de los empleados no retoman la tarea más compleja directamente, sino que continúan auto-interrumpiéndose*: atienden primero lo fácil, aunque no sea lo urgente, echan un vistazo al correo de nuevo o las redes sociales...Un estudio de Gloria Mark, miembro del departamento de informática de la Universidad de Irvine, afirma que, una vez que nos han interrumpido, tardamos una media de veintitrés minutos y quince segundos en volver a la tarea.

Cuando vayas a interrumpir a alguien que está trabajando, piensa antes: ¿llamarías a la cabina del piloto durante el despegue y aterrizaje del avión? Toma conciencia de que todos los trabajos son igual de importantes.

■ Las distracciones

He dejado para el final este ladrón que utiliza multitud de máscaras. El primer paso en el proceso es identificar todas las distracciones: redes sociales, sitios web, dispositivos. ¿Cuáles son esas cosas en las que habitualmente te vuelcas cuando tus tareas se vuelven aburridas?

A continuación, puedes seguir los siguientes pasos:

1. Desactiva o deshabilita las notificaciones de todos los dispositivos en tu entorno de trabajo: correo electrónico, Messenger, redes sociales... El simple «ping» de aviso, aunque no llegues a consultar el mensaje, ya habrá roto tu concentración, tu mente se habrá desviado dos segundos (cinco si lo lees, aunque no contestes). Si de cada minuto de tu día, descontando los que estás dormido, cinco segundos se van al cajón de las notificaciones, eso supone alrededor de ochenta minutos al día. Ochenta maravillosos minutos, de esos que luego te faltan y siempre andas buscando. Si te parece demasiado drástico, puedes dejar habilitada la notificación de los mensajes de tu madre, que siempre merece un trato especial. Todo está bien si se hace con conciencia plena y TM.

2. Si tu teléfono no es de trabajo, mantenlo lo más lejos posible y a poder ser en modo avión.

3. Cuando estés trabajando, cierra todas las pestañas de internet que no sean necesarias.

Según el estudio «Digital en 2019» de We Are Social en colaboración con Hootsuite, en España pasamos de promedio 5,18 horas diarias conectados a internet a través de los diferentes dispositivos, incluidos los canales de pago.

Nos convencemos de que, si no estamos en las redes sociales, no somos nadie. El pensador y autor de *best sellers* Yuval Noah Harari no tiene *smartphone* ni redes sociales, salvo Twitter, donde está solo desde enero de 2017. Dice que le estorban para entender la historia de la humanidad. En una entrevista para *El País* decía:

«El nuevo símbolo de estatus es la protección contra los ladrones que quieren captar y retener nuestra atención. No tener un *smartphone* es un símbolo de estatus. Muchos poderosos no tienen uno».

Si no tienes esa fuerza de voluntad, utiliza la propia tecnología para evitar las distracciones digitales. Hay limitadores de páginas web o temporizadores que te permiten estar desconectado las horas que necesites. Como tantas veces, todo es cuestión de equilibrio.

UN POCO DE SÍNTESIS

- Los ladrones cotidianos acaban vaciando nuestra despensa temporal sin que nos demos cuenta.

- Se puede vivir perfectamente consultando el correo electrónico tres veces al día.

- La mayoría de las reuniones son una aberrante pérdida de tiempo.

- Poner coto a las distracciones nos permite ganar una cantidad de tiempo y calidad de atención.

EL ENEMIGO EN CASA
Cómo apagar nuestras propias interferencias

En ocasiones, nosotros mismos nos convertimos en nuestro mayor ladrón. Lo que sucede es que a menudo no somos conscientes de ello. Somos muy críticos con la gente que nos hace perder el tiempo, tal vez inundándonos de tonterías sin importancia, pero al mismo tiempo somos sordos a nuestro propio runrún, al ruido de fondo que contamina y empobrece nuestra vida.

Dedicaremos este capítulo al ejército de distracciones que vienen «de dentro», pero que tienen un efecto tan devastador en nuestros minutos, horas y días, y sobre la calidad de nuestra atención, como los ladrones a los que señalaba Napoleón.

▪ Las quejas

Mi abuela solía decirme: «¿Vas a estar enfadada toda la vida? Pues si no es así, no pierdas el tiempo y empieza a funcionar».

Seguro que conoces a gente que lleva quince o veinte años quejándose de lo mismo, y que no hace nada por cambiarlo. Resulta aburrido y cansino, por lo que estoy segura de que no quieres convertirte en uno de ellos.

Ocurre cuando inventamos excusas porque no nos atrevemos a perseguir aquellas cosas que realmente nos importan, cuando nos convertimos en víctimas que se alejan progresivamente de aquellas cosas ansiadas.

Algo parecido ocurre con las quejas. No solo nos roban un tiempo precioso —te sorprendería saber cuántas horas gastamos al día quejándonos de lo que no es como pensamos que debería ser, en lugar de buscar soluciones para cambiarlo—, sino que además generan en nosotros un desgaste energético que afecta al resto del tiempo útil.

Un buen ejercicio para evitarlo sería cambiar tu forma de hablar, y no solo cuando lo haces en voz alta. También cuando te hablas a ti mismo en el interior de tu cabeza.

Eckhart Tolle, autor de *El poder del ahora*, nos advierte de que cuando vemos a una persona hablando sola en voz alta por la calle pensamos que está loca, y sin embargo no nos percatamos de que nuestra voz interior está todo el rato parloteando sola. Llevamos la radio encendida y muchas veces, además, se dedica a quejarse de todo y de todos.

■ El perfeccionismo

Voltaire decía que «lo perfecto es enemigo de lo bueno», y ciertamente hay personas que, por aspirar demasiado a la excelencia, acaban no haciendo nada. O bien se amargan la vida de forma innecesaria.

En mi época de estudiante, cada vez que regresaba a casa después de haber hecho un examen y mis hermanos me preguntaban qué tal me había ido, yo siempre decía que fatal. Ellos se reían y decían: «Ay, pobre niña que se ha dejado una coma», porque sabían que al final siempre sacaba muy buenas notas. Lo peor de todo es que yo de verdad pensaba que me había ido fatal, porque todo aquello que no estaba perfecto me parecía un desastre.

Con el tiempo, las cosas no fueron mucho mejor. A los treinta años me apunté a un curso de costura. Cuando ya habíamos aprendido a coser botones y dobladillos, la profesora nos pasó al siguiente estadio: confeccionar una bolsa para el pan o para hacer la compra, una falda...

Yo llevé una tela que había comprado en un viaje a la India con la idea de hacer un mantel, y me puse a darle a la máquina. No era muy difícil, pero perfecto, lo que se dice perfecto, no me estaba quedando; así que, para evitar el bochorno, la llevé a una modista para que me la acabase en condiciones antes de volver a clase la semana siguiente.

Aquel día me di cuenta de la cantidad de tiempo que había perdido en mi vida buscando una perfección que, dicho sea de paso, no existe. Y decidí que tenía que poner remedio.

Dedicar cuatro horas a acabar una presentación rutinaria de Power-Point, porque no encuentras la combinación de colores perfecta, no te convierte en mejor trabajador. No es eficaz ni eficiente y refleja una pésima gestión de tu tiempo. No releas por cuarta vez ese correo electrónico que has redactado, dale al botón de enviar antes de que los mínimos cambios que vas introduciendo hagan que pierda toda la frescura. No alargues las tareas, ni las pospongas, obsesionándote con detalles pequeños que no importan ni a largo ni a corto plazo.

Incluso en el caso de aquellas tareas de importancia extrema, hemos de poner límites y recordar que es mejor terminarlo bien a tiempo que perfecto (algo imposible) y fuera de plazo.

Aquí tienes unas preguntas que puedes formularte siempre que te encuentres en una situación de alta autoexigencia:

- ¿Hasta qué punto es una prioridad para mí?
- ¿Qué diferencia hay para mis objetivos entre hacerlo a un nivel alto o según el mínimo requerido?
- ¿Cuánto tiempo tengo para esto?

■ La indecisión

Según un estudio publicado en *Harvard Bussiness Review*, una persona toma dos mil decisiones de media cada hora que está despierto. Esto, unido a la gran cantidad de información de la que disponemos, hace que muchas veces dediquemos un tiempo excesivo a tomar decisiones. Y lo que es peor, en la mayoría de las ocasiones sin demasiada trascendencia. Qué vino pido en este restaurante, qué complementos me pongo esta mañana...

Estas pequeñas decisiones nos estresan y consumen una energía y un tiempo que podríamos dedicar a cuestiones más relevantes.

Barry Schwartz, autor del libro *La paradoja de la elección*, declara:

«Estamos considerando muchas más opciones de las que necesitamos y de las que nos son útiles para muchos aspectos de nuestra vida. Quienes somos privilegiados vivimos en un mundo en el que estamos eligiendo entre opciones muy buenas. No vale la pena esforzarse en discernir entre algo muy bueno y algo muy muy bueno, incluso cuando el tema no es trivial».

El primer paso para dejar de ser un indeciso es aceptar que jamás podrás disponer de toda la información. Steve Jobs lo dijo en su famoso discurso para la ceremonia de graduación de Stanford: «Solo es posible conectar todos los puntos cuando lo haces en retrospectiva; debes tener fe y confiar en tu corazón».

Haz como él: piensa en el siguiente punto y, cuando llegues ahí, ya pensarás en el siguiente. Date un tiempo máximo para tomar las decisiones y atente a él.

En el río del cambio

Joe Dispenza, autor de libros como *El placebo eres tú*, explicaba en una charla que cuando cruzas el río del cambio se nos presentan dos peligros:

1. *Los demás.* Nuestro entorno está acostumbrado a que seamos de determinada forma, y ver en nosotros una transformación les crea inquietud. Es común que nos traspasen sus dudas y miedos. Cuando estás nadando hacia la otra orilla, puede que te griten: «¡Adónde vas, loco! ¡Vuelve!». El consejo de Dispenza es: *No escuches a los demás cuando hayas decidido cambiar.*

2. *Tus propios temores.* El mismo autor advierte que cambiar es tan incómodo como cruzar a nado un río de agua gélida. Una vez te tiras al agua, puede que cuando estés a mitad del río pienses: «¡Qué frío está!», y regreses a tu zona de confort. Por eso, el segundo consejo de Dispenza es: *No escuches tus miedos cuando hayas decidido cambiar.*

En definitiva, no te quedes a medias cuando trates de alcanzar la otra orilla. Sigue nadando y, una vez al otro lado, ya analizarás si valió la pena el esfuerzo.

Si te dejas frenar por el «qué dirán» o por tus propias dudas, corres el riesgo de no hacer nada por tu vida.

Como decía el filósofo británico Alan Watts: «La palabra agua no moja». Hay que tirarse a la piscina.

Muchas cosas solo podremos saber cómo resultarán cuando las hayamos terminado. E incluso a veces los verdaderos frutos los veremos tiempo después de haberlas concluido. Dado que en la vida avanzamos por prueba y error, es mejor completar cada ensayo, y, si las cosas no salen como pensábamos, ya conoceremos un camino que no debemos tomar.

■ El *multitasking* es en realidad *zapping*

Hacer muchas cosas a la vez se ha convertido en un síndrome que nos causa agotamiento. Además, tiene como efecto una baja calidad de la atención y, por consiguiente, resultados pobres en todo lo que hagamos.

Todos nos hemos visto así más de una vez: contestando mensajes por teléfono mientras elaboramos un informe y tenemos otro ojo puesto en la cocina o en el cuidado de un niño.

El *multitasking* es muchas veces el resultado de una mala organización, que puede tener varias causas:

1. No haber hecho en su tiempo cosas que ahora se juntan con otras tareas.
2. La adicción a controlarlo todo a tiempo real, en especial los mensajes, correos y redes sociales.
3. Funcionar en modo «piloto automático», lo cual nos lleva a hacer ciertas cosas por inercia junto a la tarea principal.

Aunque parece que estemos ganando tiempo, la realidad es muy distinta. En su libro *Ágilmente*, el biólogo Estanislao Bachrach afirma: «Se estima que estas personas tardan el doble de tiempo en hacer esas tareas y cometen el doble de errores en cada una de ellas».

Atención residual

Según las investigaciones realizadas por la profesora Sophie Le-roy, de la Universidad de Minnesota, cuando saltamos de una tarea a otra, los pensamientos persisten y se entremezclan, produciendo lo que se conoce como atención residual.

Cuando dejas un momento lo que estás haciendo para consultar tu correo electrónico, lees los mensajes del móvil, contestas al teléfono o tienes una conversación, tu atención permanece en esa tarea incluso después de pasar a la siguiente. *La mente se queda enganchada.*

El concepto de atención residual explica por qué el tan frecuente hábito de trabajar en *un estado de semidistracción* es potencialmente devastador para su desempeño. Puede parecer inofensivo darle un rápido vistazo a la bandeja de entrada cada diez minutos más o menos, pero el vistazo rápido introduce un nuevo objetivo para nuestra atención. Peor aún, al advertir mensajes que no pueden responderse de inmediato (lo cual ocurre casi siempre), retomamos la primera tarea con el peso de una secundaria que hemos dejado sin terminar.

Lo cierto es que, además de procurar malos resultados y ser, paradójicamente, una pérdida de tiempo, el *multitasking* es un gran disparador del estrés y la ansiedad. Nos sentimos saturados, pero lo más curioso es que en realidad no estamos haciendo varias cosas a la vez.

Si nos observáramos a través de una filmación, nos daríamos cuenta de que en realidad hacemos *zapping*. Estamos escribiendo ese informe cuando suena la campanilla del móvil. Nuestra atención sale del documento para entrar en el chat de WhatsApp o el correo. Luego regresa a lo que estaba haciendo antes. En ese momento nos percatamos de que el agua que hemos puesto en el hervidor ya está lista. La atención vuelve a salir del documento y nos vamos a la cocina. Llenamos la taza de agua caliente, con la bolsita de té dentro, pero justo entonces vibra el móvil. Atendemos lo que nos entra. Cuando llevo de nuevo la atención al té, quizá hayan pasado más de tres minutos y esté demasiado amargo. Habrá que hacerlo otra vez.

Lo que percibimos como simultaneidad en realidad es un cambio constante de canal entre varias actividades que acabamos haciendo tarde y mal, además de resultarnos agotador, porque para entrar de nuevo en una actividad compleja necesitamos invertir mucha energía.

■ Reto final

Si todavía dudas de lo que te digo, prueba a realizar el siguiente ejercicio elaborado por la empresa Potential Project, especializada en efectividad corporativa a partir del mindfulness:

Toma un papel y un boli y escribe lo siguiente en dos líneas, una debajo de la otra, cronometrando el tiempo que te lleva:

Puedo hacer dos cosas a la vez

1 2 3 4 5 6 7 8 9 10 11 12 13 14 15 16 17 18 19 20 21 22 23 24

Dependiendo de tu rapidez al escribir, tardarás entre veinticinco y treinta segundos.

Ahora vuelve a escribir lo mismo, pero alternando cada letra con uno de los números (como verás, hay la misma cantidad de ambos). Esto es, escribe la P en la primera línea y, en la de abajo, el 1; luego la U y, abajo, el 2; la E y, debajo, el 3; y así sucesivamente.

Cronométrate al hacerlo y verás lo que ocurre: doble de tiempo, posibles errores y una carga mental que te pedirá un descanso.

UN POCO DE SÍNTESIS

- La mente puede ser una fuente de molestas intermitencias cuando nos abonamos a la queja o a la negatividad.

- El perfeccionismo y la indecisión nos pueden acabar paralizando. Hay que lanzarse a la piscina.

- No existe el *multitasking*: se trata en realidad de un agotador cambio constante de canal.

DEL FOMO AL JOMO
Vive tu propia vida

Para construir una vida más próspera, serena y creativa, hay que prestar atención a cada minuto y dedicarlo a aquellas cosas que nos acercan a nuestras metas o propósitos vitales.

El TM consiste en estar presente al cien por cien en el instante que vivimos, en lugar de ir siempre con la lengua fuera detrás del reloj o de tener la mente en cualquier otra parte menos en lo que estamos haciendo. El problema es que, en ocasiones, nos resulta muy difícil estar presente en el instante debido a una nueva patología llamada FOMO que se ha extendido como una pandemia.

El miedo a perdernos algo (en inglés *Fear Of Missing Out*, de ahí el acrónimo) nos hace estar siempre conectados y pendientes de mundos virtuales que no nos aportan nada; muy al contrario, nos arrancan de donde estamos y llenan de basura y de ansiedad nuestros valiosos minutos.

Podría decirse que nos ocurre lo que a santa Teresa de Jesús cuando exclamaba: «Vivo sin vivir en mí». Ha llegado el momento de tener una epifanía como las suyas y volver a concentrarnos en nuestra propia vida.

■ Atiende a las señales

Vamos a echarle valor y a comprobar si estamos o no infectados por el virus del FOMO, ¿te parece? Empecemos por formularnos las siguientes preguntas:

- ¿Interrumpo mi trabajo casi sin excepción para contestar a las llamadas, correos o mensajes?
- ¿Acepto cualquier solicitud de amistad virtual, dado que lo importante es tener una red cuanto más grande mejor, no sea que me pierda alguna oportunidad de algo?

- ¿Miro las redes sociales mientras estoy en una reunión, ya sea de trabajo o con amigos, o en una cita, no sea que ahí fuera estén pasando cosas más interesantes?
- ¿Las miro incluso mientras conduzco, no vaya a ser que me pierda el cambio de estado de alguien?
- ¿Las miro cada pocos minutos, con independencia de lo que esté haciendo?

Si la respuesta a dos o más de ellas es sí, padecemos una adicción que puede llegar a provocarnos otros trastornos psicológicos.

Imagina un sábado cualquiera. Te quedas en casa acurrucado en el sofá, viendo una peli o leyendo un libro. Todo va bien hasta que empiezas a pensar qué estará haciendo el resto de tus contactos en ese momento. Y me refiero a *todo* el resto: tu pandilla, tu familia, tus compañeros de trabajo, tus amigos (por llamarlos de alguna forma) de las redes sociales... Y así hasta llegar a la población entera del planeta.

Entras en cualquiera de esas redes, no vaya a ser que te pierdas algo, y te das cuenta de que están todos por ahí pasándoselo fenomenal. En fiestas, bodas, cenas, festivales de música, playas al anochecer... Y lo peor de todo es que ni siquiera te apetece hacer todo eso. A ti no te van los DJ y has estado en más bodas de las que cualquier mortal podría sobrellevar en una docena de vidas, pero te angustias porque te sientes «menos».

Piensas: me estoy perdiendo un millón de cosas, no tengo tiempo para nada, estoy desperdiciando mi vida. Y lo peor de todo es que, en efecto, es así: en lugar de disfrutar de tus preciosos minutos de descanso, o de lectura, o de esa charla tranquila con tu pareja, o de cualquier cosa que hayas decidido hacer, te centras en las tonterías de los demás y en todo aquello que estás dejando de hacer.

Y la rueda comienza de nuevo. Para sentirte conectado de alguna forma a esa comunidad virtual, te obligas a no perderte los últimos *trending topics*, a comentar todas las publicaciones de los demás con un ingenio que ya lo querría para sí Billy Cristal, a conseguir ese reto absurdo con el que anda todo el mundo.

Como suele decirse, la comparación es el ladrón de la alegría. Pensamos: «La vida de los demás es mucho más interesante que la mía». Y no vivimos ni la una ni la otra.

FOBO

El FOMO tiene un primo hermano llamado FOBO (*Fear Of Better Options*), el miedo a perdernos mejores opciones, lo que viene a complicar aún más las cosas.

Imagina que estás con el mando de la tele en la mano. Tienes un máximo de dos horas para ver una película de tu plataforma, dado que a partir de ese momento estarás robándole tiempo al sueño y al día siguiente serás menos productivo. Empiezas a pasar carátulas. Al cabo de cuarenta minutos, no te has decidido aún y acabas viendo algo que no te convence, con enfado y terminando tarde.

El psicólogo Barry Schwartz, al cual ya citamos en el capítulo titulado «El enemigo en casa» para hablar de la indecisión, distingue cuatro efectos del exceso de opciones:

· *Parálisis.* Debido a las casi infinitas alternativas del mundo globalizado, acabas posponiendo la decisión por no saber qué elegir.

· *Coste de oportunidad.* Con independencia de lo que elijas, no puedes quitarte de la cabeza la opción que no elegiste.

· *Altas expectativas.* El abanico de posibilidades te genera unas expectativas tan altas que tu experiencia termina pareciéndote decepcionante.

· *Culpa.* Te fustigas con la idea de que podrías haberlo pensado más y haber elegido mejor.

■ El problema no está en la pantalla

Jon Kabat-Zinn, pionero del mindfulness en Occidente, comenta: «La auto-distracción ha alcanzado proporciones epidémicas; y el problema no es el iPhone en sí, es el pensamiento de "me pregunto si alguien me envió un mensaje de texto"».

Te propongo el siguiente ejercicio. La próxima vez que oigas una notificación (si es que todavía no te he convencido para silenciarlas) o veas un aviso en cualquiera de los iconos de tu móvil, no te lances de inmediato a leerlo. Detente, respira hondo y observa tus pensamientos. Para entender tus emociones y motivaciones, puedes empezar por plantearte lo siguiente, según la situación en la que te encuentres:

- Si piensas que la notificación es de trabajo, y ya estás fuera de la oficina o incluso es de noche, pregúntate: ¿qué sentido tiene que lo lea ahora? ¿De verdad soy mejor trabajador por estar permanentemente conectado? ¿Qué expectativas estoy generando en mis clientes y en mi entorno laboral? Personalmente, me inclino a pensar que si atiendes a ese mensaje solo ganarás en inquietud, por la sensación de estar trabajando veinticuatro horas, y en problemas de descanso.
- Si tu reacción es «Tal vez me han etiquetado en una foto, o haya recibido un me gusta o un comentario a mi publicación», pregúntate qué significa para ti el que la gente —a veces anónima o desconocida— te muestre su reconocimiento. Cuando eso no ocurre, ¿te sientes frustrado o aislado?
- Si lo que piensas es «¿Quién será la persona que me ha mandado el mensaje?», puedes preguntarte: ¿Soy más generoso o mejor amigo por estar virtualmente disponible veinticuatro horas y responder a cualquier notificación en los siguientes treinta segundos? Al mismo tiempo, plantéate cuánto tiempo pasas de verdad con ese amigo o con las demás personas que realmente te importan, desde cuándo no quedáis cara a cara para compartir vuestras cosas con auténtica intimidad.

Y una última advertencia: si no ha sonado la alarma ni se ha encendido el icono de notificaciones y te sientes mal porque llevas un rato de vacío..., la cosa es seria. Puedes empezar a plantearte un *detox* de doce horas o incluso imponer el *Tech Shabbat* que puso de moda la cineasta Tiffany Shlain, consistente en hacer un descanso de cualquier pantalla durante veinticuatro horas desde el viernes por la tarde, como una adaptación digital de la tradición de descanso hebrea.

El círculo

Para complementar nuestro proceso de desintoxicación de las redes, podemos leer la excelente novela *El círculo*, de Dave Eggers, que ha tenido una adaptación al cine poco recomendable.

Explica las aventuras de la joven Mae Holland, que es contratada por la empresa de internet más poderosa del mundo. Entusiasmada por la modernidad de las oficinas y los entretenimientos que le ofrece la compañía —inspirada en Googleplex—, su vida fuera del campus va dejando de existir, así como su propia intimidad, ya que el Círculo empuja a sus empleados a hacer de su vida privada un espectáculo público.

Si después de leer la novela quieres felicitar a su autor, tendrás que hacerlo por carta, ya que no tiene redes sociales ni correo electrónico público.

▪ El JOMO al rescate

Por fortuna, hay otro miembro de la familia que puede ayudarnos a terminar con esta angustia que, cuando menos, nos deja una eterna sensación de carestía de tiempo. Se trata del JOMO (*Joy Of Missing Out*), un movimiento que promulga el goce de perdernos cosas.

Una de las primeras personas en acuñar este término fue Christina Crook, autora del libro *The Joy of Missing Out*. La idea le surgió tras ver un documental en el que un cura bendecía... ¡*smartphones*! En ese momento decidió hacer ayuno digital durante un mes.

«Estaba cansada de que Facebook mediara en mis relaciones y descontenta con mi compulsión de chequearlo constantemente —explica—. Sabía que internet estaba haciendo que desconectase emocionalmente de mí misma y de mis seres queridos.»

El norteamericano medio pasa más de dos horas al día en las redes sociales, lo cual supone unos cinco años y medio en una vida. «¿Qué podría estar haciendo con ese tiempo? —se preguntó Christina—. ¿Para quién es? ¿Se alinea esto con mis valores?»

Durante su ayuno, descubrió una ingente cantidad de tiempo que pensaba que no tenía. Esto le generó paz mental y una creatividad que estaba adormecida y que, de pronto, le permitía encontrar las más diversas soluciones sin ayuda de Google.

Manifiesto JOMO

Después de tres años de debate en la comunidad JOMO, formada por personas de todo el mundo, se ha publicado este manifiesto que nos muestra lo llenos de posibilidades que están nuestros días cuando vivimos nuestra propia vida sin condicionarnos por lo que hace *el resto*.

SOMOS AQUELLOS QUE...

—Construimos comunidades en las que nos conocemos por nuestros nombres.

—Pasamos bien nuestro tiempo, viviendo cada hora de cada día.

—Nos amamos, abrazando por igual nuestras fortalezas y debilidades.

—Vivimos hoy, saboreando nuestras experiencias.

—Estamos agradecidos por lo que tenemos, no malgastamos el tiempo pensando en lo que no necesitamos.

—Abrazamos nuestra humanidad, preferimos sentir dolor antes que no sentir nada.

—Conocemos las verdaderas riquezas, valorando la conexión humana por encima de todo.

—Somos valientes, elegimos la aventura sobre el arrepentimiento.

—Somos generosos, damos a nuestros seres queridos todo nuestro corazón y nuestra atención.

—Disfrutamos y elegimos el amor sobre el miedo.

Superando el miedo a perdernos algo, con el JOMO no solo liberamos tiempo. Saldremos de la rueda agotadora de estar siempre conectados, con la mente fuera de nosotros mismos, y volveremos a estar presentes en nuestro momento y lugar, viviendo todo aquello que hagamos con plenitud, con todos sus matices.

■ Eventos para fracasados

Al final, detrás de los filtros de Instagram, que nos muestran infinitas vidas maravillosas repletas de opciones igualmente maravillosas, se maquilla una realidad diferente. Todos tenemos días buenos y no tan buenos; y es normal que nos guste compartir los más felices. Pero la vida es un mapa de picos y valles. Cada acción que acometemos puede terminar en éxito o en fracaso, y hemos oído muchas veces (porque es verdad) que en ninguno de los dos casos constituye una pérdida de tiempo. Lo importante es cómo reaccionamos ante los acontecimientos, a fin de aprender a vivir mejor y evolucionar como seres humanos.

Me gusta la historia de la noche en la que Thomas Edison vio que su laboratorio estaba ardiendo. En lugar de llevarse las manos a la cabeza entre lamentos, le dijo a su hijo con entusiasmo: «Ve a buscar a tu madre y a todos nuestros amigos, nunca volveremos a ver un incendio como este». Y completó: «Acabamos de deshacernos de un montón de basura y no soy tan viejo como para no poder comenzar de nuevo».

Al cabo de un mes, sus empleados doblaban turnos y producían los nuevos y revolucionarios productos que se le habían ocurrido durante el tiempo en el que tuvo que tener la fábrica parada.

Si te resulta difícil reaccionar como Edison, puedes contactar con el Instituto del Fracaso. Sus fundadores pensaron que en nuestra sociedad faltaba un lugar donde compartir libre y abiertamente historias de desengaño y frustración, sin vergüenza ni sentimientos de culpa, y montaron un evento llamado *Fuck Up Night*... que se ha afianzado en más de trescientas ciudades de ochenta y seis países, con la participación de unas doscientas mil personas.

A Woody Allen se le atribuye la ecuación «Tragedia + Tiempo = Comedia». Nos viene bien tenerlo en cuenta para convertir ese tiempo de infortunio en una palanca, en un interruptor con el que volver a encender nuevas bombillas e invenciones, como el gran Edison.

UN POCO DE SÍNTESIS

- El «miedo a perdernos algo» en las redes es una fuente de estrés constante que no nos permite disfrutar del ahora.

- Si piensas que la vida de los otros es más interesante que la tuya, no vivirás ni la una ni la otra.

- Puedes hacer un saludable *detox digital* obligándote a desconectar de las redes veinticuatro horas por semana.

- Como reacción contra el FOMO (el miedo a perderse cosas) ha surgido el JOMO (el goce de perderse cosas) para recuperar el pulso natural de la vida.

- Tragedia + Tiempo = Comedia.

EL FIN DE LA PROCRASTINACIÓN

Lo mejor de la vida no se puede aplazar

Todos procrastinamos en mayor o menor medida, ya que entre nuestros planes y los hechos se erige un muro de tiempo que puede ser muy variable. Hay personas que ejecutan sus planes con precisión militar, concediéndose aplazamientos solo por causa mayor, mientras que otras parecen tener como principal actividad re-programarlo todo, *en un mañana que se renueva cada día sin llegar nunca a ser hoy.*

Es un prejuicio pensar que solo procrastinan los *losers,* las personas que no hacen nada de valor, como veremos más adelante. De hecho, esta mala gestión del tiempo tiene una larga tradición humana.

En la antigua Grecia existía un concepto desarrollado por Sócrates y Aristóteles para definir algo similar: *Akrasia.* Se puede definir como «Actuar contra lo que sería mejor para nosotros mismos», es decir, no hacer nada a pesar de saber que no nos conviene.

Uno de los mayores genios italianos del Renacimiento, Leonardo da Vinci, era un procrastinador incorregible. ¡Tardó más de quince años en acabar *La Gioconda!* Fuese por pereza o por un perfeccionismo enfermizo, su obra más conocida fue pintada entre 1503 y 1519.

Parece un lapso de tiempo enorme para una obra de pequeño formato, como saben todos los que la han visto en el Museo del Louvre, pero ¿qué hemos hecho nosotros en los últimos dieciséis años?

▪ El método radical de Victor Hugo

Un artista de la escritura, tres siglos y medio más tarde, padecía el mismo problema que Leonardo, pero no disponía de mecenas que pagaran sus gastos. Si no terminaba sus novelas, no cobraba, y esto le acarreaba enormes problemas.

La crisis definitiva le llegó cuando firmó un contrato para escribir *Nuestra señora de París*, conocida asimismo como *El jorobado de Notre Dame*. Iban pasando los meses y no conseguía arrancar.

Un año después del *deadline*, en el otoño de 1830, el editor le puso el ultimátum: o entregaba la novela el siguiente mes de febrero o lo denunciaría por incumplimiento de contrato.

Distraído —y procrastinador— por naturaleza, Victor Hugo tuvo una idea radical para lograr esa proeza. Pidió que se llevaran toda la ropa de su casa, quedándose solo con un largo y ridículo chal gris que le cubría el cuerpo hasta los pies. De aquella guisa era imposible que pudiera bajar a sus habituales cafés de París, con lo que no le quedaba otra que quedarse en casa, mientras sus amigos le traían comida y algunos enseres indispensables.

Antes de encerrarse, compró una botella de tinta y empezó a «tirar millas», como se dice modernamente.

En menos de seis meses logró terminar y entregar la novela que le acabaría de consagrar, ya que fue un éxito internacional.

Esta historia contra la procrastinación me hace pensar en una curiosa anécdota que me contaron Katinka y Marcel, una pareja de amigos de Barcelona. Su perro bodeguero, que se llama *Lucas*, tiene la costumbre de esconder por la noche todos sus zapatos, convencido de que así no saldrán de casa, algo que no le gusta nada.

Tal vez no lleguemos a los extremos de Victor Hugo o el perrito *Lucas*, pero su método radical es totalmente aplicable a la vida cotidiana si nos formulamos la pregunta: *¿Qué debo dejar de hacer para poder llevar a cabo lo que quiero?* Antes de pasar a la práctica, veamos por qué es tan común este mal hábito.

■ Incoherencia temporal

Los estudios sobre conducta hablan de una «*incoherencia temporal*» que afecta en exclusiva a los humanos. Vivimos a la vez en el presente y en el futuro, ya que nuestra mente está siempre conectada con aquello que viviremos o haremos en unos días, semanas o años.

Pero, entonces, ¿en qué consiste la incoherencia temporal?

Básicamente, sucede cuando nuestra visión a largo plazo es superada por la gratificación inmediata, situada en el presente, y optamos por esta recompensa inmediata en lugar de elegir aquello que nos beneficiaría a la larga.

Vivimos a la vez con el «yo presente» y el «yo futuro». *Y el yo futuro tiene un problema: no puede hacer ninguna acción, solo marcar objetivos.* Para actuar, solo tenemos el yo presente, y cuando el cerebro antepone la gratificación inmediata a algo menos agradable pero que reportaría beneficios a largo plazo, a pesar de saber que estos serían mucho mayores, se dispara la procrastinación.

Como el «yo presente» tiende a ganarle la partida al «yo futuro», podemos imaginar una vida saludable, con dinero y grandes progresos, pero acabamos desayunando bollería industrial, compramos por internet objetos inútiles y no emprendemos nada de lo que planeamos.

El momento en el que se pasa de la procrastinación a la acción suele ser cuando le vemos las orejas al lobo, como Hugo, y se activan los mecanismos de alarma para conseguir los resultados. Hasta que llega ese ultimátum de necesidad, pueden ser dos viejos amigos irreconciliables.

¿Eres perezoso, escurridizo u optimista?

Según la doctora Ellen Hendriksen, psicóloga de la Universidad de Boston, los procrastinadores se dividen en tres perfiles básicos:

- *Perezosos.* Eluden su responsabilidad básicamente por vagancia, para evitar el esfuerzo de enfrentarse a ella. La postergan *sine die* con la vana esperanza de que desaparezca de sus agendas por arte de magia o que su entorno resuelva algo por ellos.
- *Escurridizos.* Son especialistas en escaquearse del trabajo o de la toma de decisiones más por el temor a fracasar o equivocarse que por la dificultad de dicha acción. Es por ello que dilatan la toma de decisiones mientras pueden.
- *Optimistas.* Analizan la tarea que han de realizar y, confiando en sus capacidades, consideran que no necesitan todo el

tiempo del que disponen. Por eso la dejan para el último momento. Prefieren trabajar bajo presión porque de forma inconsciente creen que así multiplican su rendimiento, aun siendo conscientes de que juegan con fuego.

■ Cuatro pasos contra la procrastinación

El primer e inevitable paso contra este hábito tan disfuncional es aceptar que procrastinamos. Solo si reconocemos este patrón en nosotros podremos trazar un plan para desactivarlo.

La mencionada doctora Ellen Hendriksen propone cuatro pasos para ayudar a todo aquel que pretenda limitar su procrastinación:

- Cambiar el negativo «he de hacer» por el más motivacional *«quiero hacer».*
- *Buscar la superación, no la perfección.* El perfeccionismo nos envía un mensaje paralizador: *Si no es perfecto, no sirve.* Lo que puede conducir, sin darnos cuenta, al desánimo.
- Procrastinar alivia nuestro ánimo inicialmente, pero va seguido de una sensación de culpa y más estrés, así que la tercera medida sería *dejar de ser cortoplacistas* y dar poder al «Yo futuro».
- *Desterrar las excusas.* El socorrido «Es que...» supone una autopista a la procrastinación. ¿Y si *dejamos de justificarnos* y nos ponemos a la tarea?

■ El método Ivy Lee

James Clear propone en *Hábitos atómicos* como antídoto contra la procrastinación *incorporar a nuestras tareas recompensas posteriores.* Nos recuerda que así fue como se amaestró al lobo para convertirlo en el más fiel de los amigos... Cada vez que logramos completar un reto que nos produce agobio, premiarnos con algo que nos procure satisfacción.

No hay que esperar a cosechar grandes éxitos. Completar dos horas de estudio o borrar unos cuantos deberes de nuestra tabla de Excel pueden tener como premio un buen paseo, un plato especial o cualquier otra cosa que nos haga ilusión.

Clear señala que la gran batalla para dejar de procrastinar se libra durante los dos primeros minutos, que es cuando nuestra mente opone más resistencia. Superada esa prueba, fluiremos con la tarea que nos hemos propuesto.

Una clave esencial es tener muy claras las prioridades diarias, y para ello nos remite al llamado método Ivy Lee, en honor a este hombre muerto en 1934 y conocido como el fundador de las relaciones públicas.

Este método centenario pero vigente contra la procrastinación consta de cinco pasos:

1. Al terminar cada día laborable, *escribe las seis cosas más importantes* que debes hacer mañana. Nunca más de seis.
2. *Prioriza esos seis elementos* en todo lo que hagas durante la jornada.
3. Al iniciar mañana el trabajo, *concéntrate en la primera tarea* y no pases a la siguiente hasta haberla acabado.
4. *Haz lo mismo con el resto de la lista.* Al final de la jornada, mueve todos los elementos inacabados a la nueva lista del día siguiente.
5. *Repite el proceso* cada día laborable.

El premio de Ivy Lee

Este método para no procrastinar tiene más de un siglo de vida y una curiosa historia. En 1918 Charles M. Schwab era el presidente de la Bethlehem Steel Corporation, la mayor constructora de barcos en América en aquel momento. Fue este magnate quien concertó una reunión con Ivy Lee, quien ya era un reconocido consultor sobre productividad. A cambio de optimizar la marcha de su empresa, este no le pidió ningún honorario, pero sí la promesa de que, si funcionaba, en tres meses le enviaría un cheque con el valor que el propio Schwab considerase que había supuesto para la empresa. De este modo, Lee compartió su método con los ejecutivos del magnate y, tres meses después, recibió en su despacho un cheque por valor de 25.000 dólares, unos 400.000 dólares actuales.

■ Los tres personajes de la procrastinación

Tim Urban (cofundador del conocido blog *Wait But Why*) es un procrastinador confeso que habló sobre su problema en una conocida charla para TED Talks en la que, con un toque humorístico, explicaba su historia.

Tener que escribir un artículo en una sola noche y una tesina de noventa páginas dos días antes de la fecha límite eran sus *highlights* procrastinadores, pero lo más interesante estaba en los tres personajes que regían su vida: el Mono de la Gratificación Instantánea, que quita el mando del timón de sus días al Creador de la Decisión Racional, y solo lo suelta cuando aparece en escena el Monstruo del Pánico.

Esta tríada de personajes ilustra a la perfección la dinámica de la procrastinación: aunque todos los procrastinadores saben que deberían prestar atención a su ser más racional, que tiene los ojos puestos en el mañana, se dejan llevar por esa fuerza de la satisfacción momentánea hasta que llega el pánico y los obliga a actuar.

Pero el pánico tiene un problema: no aparece si no hay un *deadline* marcado en rojo en el calendario.

Cuando la persona se enfrenta a un gran proyecto sin fecha de terminación fija, del mismo modo que cuando te planteas retomar la relación con un ser querido con el que has perdido poco a poco el contacto, te puedes perder en el punto muerto en el que te encuentras.

La procrastinación crónica puede ser muy dañina a lo largo de la vida: no hay fecha límite, nadie se molestará si no llegas a tiempo, esa llamada puede esperar... hasta que un día descubres que ya es demasiado tarde.

Nada de esto nos sucederá si vivimos con TM, tomando el control de nuestro tiempo para que los proyectos no se queden en promesas.

UN POCO DE SÍNTESIS

- Todo el mundo tiene algún nivel de procrastinación, también los genios.

- La pregunta clave es: ¿qué debo dejar de hacer para llevar a cabo lo que quiero?

- La gratificación inmediata es el gran enemigo de los planes a medio o largo plazo.

- Si eliminamos las excusas, dejaremos de aplazar lo que debemos hacer.

- Trazar tus prioridades y respetarlas por encima de todo es el camino al éxito.

- La procrastinación crónica te roba el control de tu vida; se puede evitar cumpliendo con lo importante, aunque no haya *deadlines*.

RESOLVER, DELEGAR O ELIMINAR
Cuantas menos listas, mejor

Aunque anteriormente hemos hablado de las listas, hay que ser cuidadoso con este recurso. Hay quien muere dejando largas listas de cosas por hacer, lo cual ha dado pie a varias novelas.

En *Lo siguiente en mi lista*, publicada por Jill Smolinski en 2008, tras la muerte de una joven, una compañera de su grupo de autoayuda descubre una lista con «Veinte cosas que debo hacer antes de cumplir los veinticinco». Decidida a hacer realidad sus sueños como homenaje a la fallecida, la protagonista se enfrentará a pruebas como «Correr los cinco mil metros», «Cambiarle la vida a alguien» o «Besar a un desconocido».

Ya puedes levar el ancla

«En Estados Unidos hay verdadera pasión popular por las "cosas que uno debería hacer antes de morir". En las listas que se publican en blogs o incluso en libros inspiradores hay propuestas emocionales como nadar con un delfín o hacer el amor en la playa, junto con otras más heterogéneas como capturar una pelota durante un partido de fútbol, ducharse bajo una cascada o asistir a la *Oktoberfest* —la fiesta de la cerveza— de Múnich.

Entre lo que los expertos recomiendan hacer antes de morir está justamente "escribir una lista con las diez cosas que desearías hacer antes de morir". Aseguran que al plasmar en el papel nuestros deseos más íntimos facilitamos su cumplimiento, porque la letra escrita tiene más fuerza que un antojo que pasa fugazmente por nuestra cabeza.

Escribir una lista también nos permite descubrir deseos que no nos habíamos planteado previamente. Además de darles visibilidad, el papel nos ayuda a fijar una fecha concreta de ejecución, lo cual supone un paso más hacia el ansiado objetivo.

> Esta radiografía de nuestras prioridades es también una invitación a romper con la inercia y movilizar nuestras energías hacia el cambio. Otro norteamericano, Mark Twain, reflexionaba en este mismo sentido ya en el siglo XIX: *"Dentro de veinte años te arrepentirás más de las cosas que no hiciste que de las que llegaste a hacer. Por lo tanto, ya puedes levar el ancla. Abandona este puerto. Hincha las velas con el viento del cambio. Explora. Sueña. Descubre."»*
>
> SILVIA ADELA KOHAN

Una lista puede ser un buen ejercicio de proyección, pero, en general, es mejor experimentar las cosas que anotarlas en una lista, lo cual muchas veces equivale a dejarlas pendientes. De hecho, las personas con un alto grado de TM son enemigas de las listas. Simplemente, *hacen las cosas en su momento y lugar.*

En cualquier caso, lo que en una novela inspiracional nos parece poético puede resultar un martirio en el día a día, tanto en las tareas personales o familiares como en nuestro trabajo.

No resulta nada motivador ver cómo la lista de Excel se va ampliando hasta casi el infinito. Contra esa plaga, los expertos en gestión del tiempo recomiendan resolver, delegar o eliminar, como veremos en el siguiente método.

■ El método de las tres Des

Originalmente eran cuatro Des, basadas en los términos ingleses *Do, Delete* (o *Drop* según la versión), *Defer* y *Delegate*, que se identificarían con las diversas maneras de afrontar las tareas que se nos presentan a diario.

Sin embargo, eliminaremos la tercera, ya que el hábito de aplazar lleva muy fácilmente a la procrastinación, a la que ya hemos dedicado todo un capítulo. Por lo tanto, cada vez que tengamos algo que hacer, tomaremos uno de estos tres caminos:

- *Do* (hacer). Para aquello que no puede ser aplazado y debemos hacer personalmente sin discusión. Aquí los expertos recomiendan incluir también la regla de los dos minutos de David Allen: realizar al momento todas las tareas que conlleven un máximo de dos minutos. Anotar la tarea en otro lugar nos robaría ya una parte de ese tiempo, así que... *mejor hacerlo ya.*
- *Delete* (eliminar). Lo que no sea imprescindible ni nos va a ser útil, debe ser eliminado directamente, en lugar de engrosar nuestra lista. A veces puede ser una decisión difícil, pero una vez que nos acostumbramos a suprimir lo que no nos corresponde —correos, tareas que pertenecen a otros, compromisos que no tienen sentido para nosotros—, la vida se aligera de forma sorprendente. Ahondaremos en esta idea en el siguiente capítulo, dedicado a simplificar tu agenda.
- *Delegate* (delegar). Aquello que otros pueden hacer sin que el resultado se vea dramáticamente afectado hay que delegarlo, ya que liberaremos tiempo para hacer cosas más importantes. Las personas de éxito son muy conscientes del valor de cada minuto y, por lo tanto, están acostumbradas a repartir tareas sin que su orgullo quede resentido. Recuerda las famosas tres preguntas de Harvard de que hablamos. Una persona con TM no ha de tocar cada instrumento de la orquesta, ha de ser su director.

▪ La matriz de Eisenhower

¿Recuerdas los cuatro cuadrantes sobre el tiempo de Stephen Covey que estudiamos en el capítulo dedicado al mapa de prioridades? Este autor, que afirmaba que *lo importante en la gestión del tiempo es saber dónde debemos poner nuestra atención en cada momento*, se inspiró para sus cuadrantes en la llamada matriz de Eisenhower.

Al parecer, el 34 presidente estadounidense, comandante del bando aliado en la Segunda Guerra Mundial, tenía fijación por la buena gestión del tiempo. Aquí abajo podemos ver su recomendación para tratar cada uno de los cuadrantes.

	Urgente	No Urgente
Importante	Hacerlo	Planificarlo
No Importante	Delegarlo	Eliminarlo o postergarlo

En el cuadrante I están las tareas importantes y urgentes. Hay que tener mucho cuidado con no llenarlo; no se trata de recolectar tareas, sino de hacerlas. Tal vez haya tareas o compromisos que no debamos aceptar, porque las horas del día son limitadas y hay otras cosas esenciales que nos están reclamando: son propias del cuadrante III y podremos delegarlas.

En cuanto al cuadrante II, referente a las tareas importantes y no urgentes, planificarlo no significa postergarlo. Significa que nosotros decidimos cuándo hacer esas tareas, sin dejar que otros definan nuestras prioridades. Si nos reservamos el sábado para estar con los amigos o la familia, eso se ha de convertir en el centro de nuestro universo. Prohibido cancelar lo importante porque hay algo que parece más urgente.

No hay nada más urgente que vivir.

■ El método ABCDE

Veamos a continuación un método parecido de gestión de tiempo muy extendido por los países anglosajones: el ABCDE. Es un sistema para priorizar que incluye dos puntos más que el anterior, pero tiene un mismo objetivo: ordenar el tiempo de forma eficiente, asignando a cada tarea una categoría.

Empezaremos confeccionando una lista con las tareas pendientes (ya sea del ámbito laboral como personal) y a continuación, a su lado, las calificaremos con una letra:

- *A para lo verdaderamente importante.* Sería todo aquello que acarrearía graves consecuencias en caso de no hacerse.
- *B para lo menos importante.* En esta categoría entraría todo aquello que debería hacerse, pero que no nos afecta si no lo hacemos de inmediato. Por lo tanto, puede efectuarse en segundo lugar, dando prioridad a la A.
- *C para tareas sin consecuencias.* Engloba todas las cosas que estaría bien que se resolvieran, pero que no pasa nada si no se hacen. Tal vez con el paso del tiempo nos demos cuenta de que no eran importantes en absoluto y, por lo tanto, estuvo bien desatenderlas.
- *D para aquello que se debe delegar.* No todo se puede delegar, pero como hemos visto en el anterior apartado hay muchas cosas que no es necesario que hagamos nosotros. Un maestro del TM será capaz de poner muchas Des en su lista.
- *E para lo que se debe eliminar.* Lo hemos visto también en el anterior método. Aquello irrelevante que se puede borrar de la lista y no nos afectaría para nada puede desaparecer ahora mismo de nuestra vida.

■ El hombre que contaba estrellas

En su maravillosa fábula *El principito*, el héroe de Saint-Exupéry viaja a un planeta donde un hombre ha dedicado su vida entera a llevar la contabilidad de las estrellas.

Intrigado por esa actividad, el pequeño príncipe le pregunta por qué es tan importante contar las estrellas, algo que el hombre nunca ha tenido tiempo de plantearse. Por eso le responde lleno de enfado:

«Desde hace cincuenta y cuatro años que habito este planeta, no fui perturbado más que tres veces. La primera vez fue, hace veintidós años, por un abejorro que había caído de Dios sabe dónde. Producía un ruido espantoso, y cometí cuatro errores en una suma. La segunda vez fue, hace once años, por una crisis de reumatismo. Me falta ejercicio. No tengo tiempo de pasear. Soy una persona seria. La tercera vez… ¡es esta!».

Este personaje de ficción encarna de maravilla el arquetipo del hombre ocupado que, con una pésima gestión del tiempo, piensa que todo lo que hace es igual de importante. Está tan atareado que ha perdido la capacidad de pensar en lo que realmente está haciendo.

La lección que podemos extraer de este pasaje de *El principito* es que si pasas todo el día contando estrellas, no tendrás tiempo de captar su brillo mágico ni su misteriosa lejanía. Mucho mejor que contar estrellas es poder sentarse a contemplarlas.

UN POCO DE SÍNTESIS

- Hacer listas de cosas por hacer es otra forma de aplazarlas.

- Lo más importante que deberíamos hacer «antes de morir» es, simplemente, VIVIR.

- Hacer las cosas en su momento y lugar es mucho más efectivo que anotarlas en una lista.

- La clave del TM es saber qué debemos hacer nosotros, qué podemos delegar y qué eliminar.

- Aquello que se pueda hacer en menos de dos minutos, es mejor hacerlo ya.

- Tiene más valor contemplar una sola estrella con paz interior que contabilizar miles de ellas.

VIVE SIMPLEMENTE
Menos es más tiempo

Gandhi nos dejó muchas frases inspiradoras. Entre ellas: «Vive simplemente para que otros simplemente vivan». También dejó entre sus escasas posesiones un reloj Ingersoll. Aseguran que era lo primero que miraba al levantarse a las cuatro de la mañana y lo último que consultaba antes de dormir, a veces pasada la medianoche. Una jornada intensa en la que ni él ni sus colaboradores se permitían gastar un solo minuto de forma innecesaria. En una de sus cartas escribió: «Quien hace menos de lo que puede es un ladrón».

Era extremadamente puntual, algo poco habitual en un país cuyos habitantes muestran una actitud bastante relajada en lo que se refiere al tiempo. «Si te preocupas por la eternidad, unos pocos minutos casi nunca se notan», se justifica el novelista R. K. Narayan, un clásico de la literatura india en inglés.

Y es que, en la filosofía hindú, el tiempo no es lineal, sino cíclico. De hecho, la palabra hindi para ayer y mañana es muy similar.

Pero si algo tenía claro el liberador de la India era que exprimir el tiempo no significa dejarse llevar por la corriente de exceso y acumulación que se impone en el mundo. Por eso su consejo era: «vive simplemente», deshaciéndote de lo innecesario y quedándote con lo esencial. Crearás espacio para más serenidad y creatividad. Una valiosa máxima que también podemos aplicar a la gestión de nuestro tiempo.

■ ¿Quién quiero ser?

Es muy difícil que tomes decisiones adecuadas con respecto a la gestión de tu tiempo si no sabes adónde quieres llegar. Lo más probable es que permanezcas «ocupado» en actividades que no te acercarán a tus objetivos. Por ello, antes que nada deberías pararte a reflexionar sobre *quién quieres ser y cómo quieres vivir.* Esta visión personal te permitirá organizar tus prioridades y tomar decisiones conscientes para no malgastar tu tiempo en cosas innecesarias.

Una vez hecho esto, observa las actividades programadas en tu agenda. Identifica las que son esenciales para ti, las que te conducirán a esos objetivos o generarán nuevas oportunidades para su cumplimiento, siempre en línea con tus valores. Piénsalo bien, ya que aquí está la clave de la simplificación: *vas a eliminar todo lo demás.*

El plan no es volverte más eficiente para abarcarlo todo, sino mantener lo esencial y sacar lo accesorio de la agenda. Quizá te parezca que dejas de lado algunas aspiraciones, pero siempre podrás retomarlas. Recuerda las estaciones vitales de las que hablamos en el capítulo dedicado al arte de envejecer bien. De momento, activa tu atención y céntrate en las que ahora son verdaderamente significativas para ti, aquellas que te llevarán a generar ingresos u otro tipo de satisfacción.

Si trabajas por cuenta ajena, asegúrate de que conoces bien los objetivos y criterios de priorización que se te piden. Habrá tareas no tan importantes que tendrás que seguir haciendo. Simplifícalas. Sé conciso y concreto en tus llamadas, en correos, en tus reuniones y recados.

Seguro que también habrá compromisos que llenan de complejidad tus días. Es posible que algunos ni recuerdes cómo o por qué llegaron a la agenda. No los arrastres por más tiempo. Decide conscientemente qué comidas de trabajo quieres preservar y cuáles no; qué encuentros semanales con determinadas personas se llevan tu energía; qué grupos de WhastApp, rituales familiares y actividades iniciaste tiempo atrás y ya no tienen nada que ver con la persona que eres ahora: en este caso, déjalas marchar.

Volver a lo sencillo

Parece que la obsesión de los suizos con el tiempo y la puntualidad va más allá de fabricar excelentes relojes, pues cala en otras esferas de la tranquila vida en los cantones. Una amiga que asistió a una boda en Ginebra me contaba estupefacta cómo los discursos de la ceremonia trataban más del tiempo que del amor.

El momento perfecto en el que se habían conocido los novios, los años que iban a compartir, cómo evolucionaría la pareja con el tiempo...

Al parecer, el abuelo de la novia vivía tan convencido de la exactitud de su reloj que se negaba a hacer los cambios horarios.

Suiza ya me tenía ganada por mi afición al chocolate, pero mi admiración creció cuando en 2011 se fundó el APPP (Anti Power-Point Party). Esta fuerza política se ve a sí misma como defensora de 250 millones de personas en todo el mundo que, cada mes, están obligadas a asistir a aburridas presentaciones de Power-Point nada motivadoras en empresas, universidades u otras instituciones. Según sus estimaciones, esto supone un coste para los suizos, en base al tiempo-salario de sus asistentes, de 2,1 billones de coronas. A cambio propone otros formatos alternativos más simples y efectivos, como una pizarra con caballete.

Yo también soy partidaria de volver a lo sencillo. Concentremos nuestros esfuerzos en lo más elemental para llegar a lo más profundo.

■ Un sitio para cada cosa

Casi todos los días se nos van unos cuantos minutos buscando algo, desde las llaves hasta un documento que queríamos leer y que no sabemos dónde hemos dejado. En el capítulo de por qué el tiempo es serenidad hablamos de la importancia de que no solo la casa esté limpia y ordenada, sino que además el entorno de trabajo permanezca despejado. Esto incluye tu oficina, tu mesa y tu ordenador.

Mantener el escritorio limpio de iconos facilita el trabajo y la claridad mental. Y no olvides dar un repaso al final del día. Que nada se quede fuera de su sitio... pero no acumules por el mero hecho de que te quedan muchos gigas de memoria. Elimina todo lo que no sea imprescindible para tu labor.

Hablando de memoria, la del ser humano es ineficiente. Por ello, échale una mano manteniendo tu mente despejada de cosas no esenciales aquí y ahora. Las tareas pendientes deben tener su sitio, y ese no es tu cerebro. Escríbelas, pero como ya te he recomendado, no las dejes en una lista. Búscales su espacio —esto es, su día y hora— en tu agenda o calendario.

■ Sistematiza las tareas que repites

Si hay tareas importantes que realizas todos los días, o todas las semanas, define para ellas un proceso. Por ejemplo, tus publicaciones en la web o la elaboración de una propuesta a un cliente. Puedes hacer un diagrama de cajas o una sencilla *check-list* con las acciones que tienes que acometer para llevarlas a cabo.

Haciendo esto, seguramente descubrirás algún paso que puedes eliminar. Además, te servirá como guía y te ahorrará esfuerzo mental y errores básicos que a veces cometemos cuando nos relajamos al realizar una tarea por enésima vez.

Otro beneficio: si algún día puedes delegar esta tarea, tendrás un protocolo definido a la perfección. Aunque en un primer momento te parezca una carga extra de trabajo, te ahorrará mucho tiempo.

■ Saca tiempo para las pequeñas cosas

Cientos de estudios sobre la felicidad coinciden en que los factores que la promueven son los más simples: salud, relaciones, optimismo, generosidad y saber vivir el momento presente.

Los países del norte de Europa, que suelen estar en el *ranking* de los más felices, son expertos en disfrutar de las cosas sencillas. El *Hygge* danés hace referencia a lo acogedor, a paladear los pequeños detalles cotidianos, a decir no al ritmo trepidante y a detenernos a saborear el ahora. Para los alemanes, la *Gemütlichkeit* describe una atmósfera de tranquilidad o comodidad en la que apreciamos lo que tenemos a nuestro alcance y nos sentimos a gusto con ello.

En un entorno diametralmente opuesto, ejecutivos en puestos de liderazgo, directivos, presidentes o vicepresidentes de compañías de Estados Unidos, declaraban en *Harvard Bussiness Review* que encontrar tiempo para las pequeñas interacciones cotidianas con sus hijos, como llevarlos al colegio o al médico o en los paseos por el vecindario, generaba los momentos que les dejaban mejores recuerdos. Además, actuar así les permitía liderar luego sin sentirse culpables en el trabajo.

▪ Gestiona tus emociones

¿Por qué acumulamos ocupaciones? ¿Qué nos lleva a llenar nuestra agenda de muchas cosas que no son en absoluto esenciales?

Según Leo Babauta, autor del exitoso blog ZenHabits, actuamos así por miedo a la incertidumbre. Huimos del temor que genera en nosotros la falta de certeza y control sobre nuestra vida. Para evitar sentir decepción, miedo o ansiedad, nos evadimos de algunas tareas esenciales y nos sumergimos en distracciones que nos dan la sensación de volver a tomar las riendas.

¿Qué podemos hacer para evitar que esto ocurra? En su blog, Leo propone cuatro medidas para convivir con la incertidumbre:

1. *Inicia una tarea importante.* Cuando notes que te distraes, toma un poco de distancia y vuelve a ella.
2. *Concéntrate en esa tarea, y solo en esa tarea, para terminarla.* Como mínimo trabaja en ella quince minutos ininterrumpidamente.
3. *Sé consciente del miedo a la incertidumbre y respira.* Explora este sentimiento, observa las sensaciones en tu cuerpo. Aprende a confiar en ti, en tu bondad, y a estar bien a pesar de todo.
4. *Sumérgete de nuevo en la tarea.*

Si trabajas en estos hábitos, tu vida cambiará para siempre.

UN POCO DE SÍNTESIS

- Una vida simple permite aprovechar mucho mejor el tiempo.

- Saber qué quieres ser y cómo quieres vivir te ayudará a organizar mejor tu agenda en adelante.

- La clave de la simplicidad consiste en eliminar todo lo que sobra.

- Tener en orden nuestro escritorio —también el del ordenador— es otra forma de ahorrar tiempo y energías.

- La gestión de las emociones es básica para trabajar de forma productiva.

BENEFICIOS DE LA VITAMINA «N»

Cada «no» a lo que no quieres hacer es un «sí» a ti mismo

Puede que más de una vez te hayas sentido como el protagonista de *Yes Man*, de Jim Carrey, que pasa a decir que sí a todo después de ir a un curioso seminario en el que le aseguran que para ser feliz y hacer felices a los demás hay que aceptar todo lo que te piden.

Esto le meterá en innumerables líos, haciendo su vida mucho más difícil de lo que ya era.

En otra película estrenada medio siglo antes, la genial *El apartamento*, de Billy Wilder, un oficinista cree que obtendrá más reconocimiento en su empresa si va diciendo sí a todo lo que quieren sus superiores: básicamente, que les deje su pequeño piso para poder ir allí con la amante de turno.

El personaje interpretado por Jack Lemmon se verá durmiendo en la calle mientras un casado libertino lleva a su casa a la mujer de la que está enamorado, y no saldrá de su miseria moral hasta que no se atreva a decir no.

Dos películas con dos enfoques: el ejecutivo implacable que se obliga a decir sí; el empleado sumiso que debe aprender a decir no.

Esto último nos resulta mucho más difícil que lo primero, que está preinstalado en nuestra forma de funcionar, así que vamos a trabajar con el «no», que pronunciado a tiempo nos puede ahorrar una cantidad ingente de horas. Literalmente, puede salvarnos la vida.

¿Por qué nos cuesta tanto negarnos?

Hedwig Kellner responde a esta cuestión en *El arte de decir no*, apuntando a los siguientes motivos que nos llevan al «sí» cuando desearíamos expresar lo contrario:

- El deseo de sentirnos amados
- Ser adictos al agradecimiento
- El miedo a perder la simpatía de los demás
- La angustia ante posibles conflictos
- No ser capaz de afrontar la presión externa
- Nuestra propia inseguridad

El gran problema radica en qué es lo que *entregamos a cambio de ese sí: nuestro tiempo*. De ahí procede la creencia de que el «no» es más fácil para la gente poderosa, que puede dejar pasar oportunidades.

En una interesante reflexión, James Clear afirma:

«Cuando dices no, solo estás negando una opción;
cuando dices sí, estás negando todas las demás opciones».

Dado que el tiempo que nos es dado en esta vida está limitado, decir «no» es la única manera de liberarte para poder concentrarte en aquello que te apasiona.

¿Qué significa decir «no»?

«La gente cree que la concentración implica decir "sí" a aquello en lo que tienes que enfocarte. Pero eso no es lo que significa verdaderamente. Significa decir "no" a las otras cien ideas que hay. Tienes que elegir con criterio.»

STEVE JOBS

■ Claves de la asertividad

Decir «no» sin sentirse mal es un gran signo de asertividad. Esta palabra tan en boga últimamente define la capacidad para expresar nuestros sentimientos y opiniones de modo comprensible para los demás, sin ofender o desmerecer a los otros. Ser asertivos nos permite interactuar con los demás, alejados de la evasión, la pasividad o la agresividad.

La asertividad ha demostrado ser balsámica incluso para las personas con vivencias especialmente duras. Por esta razón, el Center for Integrated Healthcare (CIH), que promueve la salud mental de los veteranos de guerra de Estados Unidos, da algunas claves para hablar con un grado sano de asertividad:

- Ten dignidad y respeto por ti mismo
- Di «no» cuando esté justificado, sin sentirte culpable
- Expresa tus sentimientos
- Pide lo que necesites directamente
- Acepta cometer errores

Si los veteranos de guerra, que han sufrido lo indecible en países lejanos, son capaces de asumir este tipo de conducta, ¿no podremos hacerlo también el resto con una vida más sencilla?

El péndulo de la asertividad

Cuando se inicia el cambio hacia una postura asertiva, tras haber «tragado» y soportado toda clase de agravios y abusos, puede que las semillas del rencor acaben haciendo brotar una asertividad «mal calibrada», usando un término de los especialistas, que también hablan del «péndulo de la asertividad».

Tras años de pasividad, la primera reacción suele ser de cierta violencia, como la fiera enjaulada que arremete contra todo lo que tiene delante una vez que se han abierto las puertas de su prisión. El efecto contrario, de agresivo a pasivo, también es contraproducente, pero menos vistoso: la primera reacción puede ser quedarse callado y no decir nada más, cosa tan negativa como parecer violento.

Por ello debemos ser cuidadosos al pasar de la inhibición a una postura activa para defender nuestros derechos y nuestro tiempo. Aunque, al principio, el péndulo lanzado desde un lado se irá al contrario, en poco tiempo pasará a calibrarse en el centro.

Como aprende el protagonista principal de *Yes Man*, película que hemos mencionado al principio de este capítulo y que en el circuito comercial de España se tradujo como *Di que sí*, de lo que se trata es de encontrar el justo medio. No se trata de regalar nuestro tiempo de forma indiscriminada, pero tampoco de levantar un muro entre nosotros y los demás.

Hay que empezar traduciendo a unidades de tiempo lo que nos proponen, para así decidir si queremos dedicar esa porción de nuestra vida a eso. Si la respuesta es no, la asertividad nos ayudará justamente a comunicarlo de forma que no sea ofensiva.

■ Nuestro cuerpo habla

Un gran experto en el tema en Hispanoamérica, el psicólogo Walter Riso, explica en su ensayo *Cuestión de dignidad: aprenda a decir no y gane autoestima siendo asertivo* los puntos fundamentales para que esta virtud no resulte ofensiva a nuestro interlocutor:

- *Mirar a los ojos.* Cuando se esquiva la mirada, se suele generar desconfianza, lo cual es propio de las personas pasivas. Con todo, la mirada debe ser tranquila y relajada. Una mirada fija y amenazadora es propia de las personas agresivas.
- *El volumen de la voz.* Las personas que bajan la voz son inasertivas y no muestran seguridad, mientras que las asertivas logran una buena comunicación con un volumen de voz adecuado.
- *Fluidez verbal.* La persona asertiva es segura y no pensará las respuestas durante mucho tiempo, ya que eso transmitiría desconfianza por falta de recursos comunicativos.
- *La postura.* Permanecer erguido y seguro es lo contrario de lo que hace la persona inasertiva, que baja los hombros, transmitiendo la sensación de que solo quiere no molestar y desaparecer.
- *El contenido verbal del mensaje.* Además del lenguaje no verbal, lo que digamos a través de las palabras debe ser claro, directo y respetuoso con los demás y con los propios pensamientos.

Este último punto tal vez recoge la esencia de lo que sería una asertividad saludable sin empacharnos de «vitamina N», lo cual nos convertiría en personas esquivas o incluso hurañas.

Hay que encontrar un equilibrio entre compartir y preservar nuestro tiempo, saber cuándo hemos de darnos y cuándo nos conviene reservarnos. El TM sería el centro entre los dos extremos del péndulo: hallar la justa medida entre lo que una persona necesita para estar bien consigo misma y su aportación al mundo.

UN POCO DE SÍNTESIS

- Nos resulta mucho más fácil decir «sí» que «no» por miedo a perder puntos ante los demás.

- Cada vez que decimos «sí» a algo o alguien, negamos todas las demás opciones.

- Cuando empezamos a ser asertivos, tras haber estado años «tragando» con todo, es posible que nos vayamos al otro extremo, pero con el tiempo el péndulo se equilibrará.

- Siempre que nos hagan una propuesta, es importante «traducirla» en tiempo, saber qué porción de nuestra vida se va a llevar.

- El lenguaje del cuerpo es un importante soporte para la asertividad.

- La clave de la realización está en el equilibrio entre el tiempo que damos y el que nos reservamos para nosotros.

3
MULTIPLICA TU TIEMPO

LA VERDADERA PRODUCTIVIDAD
Pongamos fin a los falsos mitos

«No es suficiente estar ocupado; también lo están las hormigas. La pregunta es: ¿En qué estamos ocupados?» Esta frase del pensador norteamericano H. D. Thoreau tiene siglo y medio, lo que demuestra que la productividad no es una obsesión nueva.

Nos preceden miles de horas de estudio y de páginas publicadas sobre un tema que no terminamos de interiorizar. Seguimos encadenando interminables jornadas laborales sin desconectar durante los pocos ratos que pasamos fuera del trabajo, lo cual nos aleja de una vida equilibrada y, paradójicamente, también de la propia productividad.

La productividad no tiene nada que ver con calentar la silla durante horas, el llamado «presentismo». Tampoco significa realizar las tareas de forma más rápida, bajo presión. Se trata de llevar a cabo las tareas adecuadas, aquellas que te acercan a tus metas, y liberar tiempo para dedicarte a esos otros propósitos no laborales que dan sentido a tu vida.

Las hormigas no se plantean estas cosas; pero nosotros sí hemos de hacerlo, y rápidamente.

■ Las horas de trabajo no siempre suman

Este es el primer mito que hemos de destruir. En mi libro *Money Mindfulness* ya avancé que, sin menospreciar la virtud del esfuerzo, la inercia de las horas extras —a menudo no pagadas— y la cultura presencial son dos manifestaciones de la creencia disfuncional de que hemos nacido para trabajar, y no lo contrario.

Una de las razones por las que la jornada ha venido reduciéndose hasta las ocho horas es que las empresas observaron la relación inversa entre sobrecarga de trabajo y productividad.

A principios del siglo XX, Henry Ford redujo la jornada, duplicó los salarios, dio descanso a sus trabajadores y, en dos años, dobló el margen de ganancias. Hoy en día, en Suecia se ha demostrado que las enfermeras que trabajan seis horas en los centros de reposo interactúan un 85 por ciento más con los ancianos que aquellas con jornadas de ocho horas. Muy al contrario, los trabajadores de países como México o Rusia dedican a la empresa un 40 por ciento más de tiempo que un alemán o un holandés, y no consiguen acercarse a los niveles de competitividad de estos últimos. En España se ha aprobado una norma para el control horario de los trabajadores, que suele extenderse fuera de la oficina. Todavía es pronto para saber si esta medida tendrá algún efecto a fin de acabar con estas prácticas, pero al menos se ha dado el primer paso. Nuestra conciencia ha despertado a un nuevo paradigma: *trabajamos para vivir, y no al revés*.

Menos es más

La ley de Parkinson, enunciada por Cyril Northcote Parkinson, explica que *el trabajo se expande hasta llenar el tiempo disponible para que se termine*.

Muy a la inversa, ponernos límites nos ayuda a concentrarnos, a priorizar y a simplificar, volviéndonos más productivos. Cuando contamos con un tiempo determinado, lo apreciamos en su justa medida y lo utilizamos para hacer aquello que es de verdad importante y que va a brindarnos un beneficio.

Más de un siglo después de esta tesis, Tim Ferriss, autor del *best seller* internacional *La semana laboral de 4 horas*, se preguntaba: ¿es normal trabajar cuarenta horas a la semana (si no más) para conseguir una merecida jubilación a los sesenta y cinco (si no más) y empezar a vivir la vida?

Para crear un nuevo paradigma, propone un protocolo que incluye la eliminación de determinadas tareas, dado que considera que nuestro trabajo está lleno de «pocos vitales y muchos triviales», y *la falta de tiempo es en realidad una falta de prioridades* que tiene su origen en la comodidad, pues llevamos a cabo en primer lugar lo que nos resulta más sencillo.

▪ La salud es lo primero

Mi padre solía decir: no nos quejemos del trabajo, que es salud. Para él, estar desocupado equivalía a la enfermedad... tal vez porque cuando llegaba a casa le esperábamos mis siete hermanos y yo. Bromas aparte, porque nos quería muchísimo, mi padre pertenecía a esa generación que nació en la escasez y pensaba que había que dejarse la piel para ganarse la vida, como si la existencia fuera algo que necesita comprarse con interminables horas de trabajo.

Un estudio del University College London en Europa, Estados Unidos y Australia publicado en la revista médica *Lancet* en 2015 determinó que, cuanto más larga es la semana laboral, mayor es el riesgo de accidente cerebrovascular. Las personas que trabajan entre 41 y 48 horas tienen un 10 por ciento más de riesgo que quienes lo hacen entre 35 y 40, elevándose a un 33 por ciento para aquellos con semanas de 55 horas, los cuales también ven incrementadas las posibilidades de sufrir una enfermedad coronaria.

Cierto es que las horas dedicadas a la empresa no son por sí solas las causantes de la aparición de estos males, pero sí favorecen otros factores de riesgo como por ejemplo la inactividad física y el consumo exagerado de alcohol. Además, dado que estos trabajadores siempre están con la cabeza en otro sitio (lo más opuesto al TM), suelen ignorar las señales de advertencia, con lo que se retrasa el diagnóstico y el tratamiento.

Por todos es sabido que la fatiga y el estrés que provocan los horarios excesivos no solo conllevan un menor rendimiento, sino que además aumentan la probabilidad de errores, accidentes y otras dolencias que favorecen el absentismo, con el sobrecoste que ello implica. Sin ir más lejos, se calcula que el estrés laboral le cuesta a la Unión Europea entre el 2,6 y el 3,8 por ciento del PIB.

En el otro extremo del mundo, Japón, que hasta abril de 2019 no contaba con una legislación que limitase las horas semanales o extras, tiene una tasa tan alta de fallecimientos por dolencias físicas o suicidios derivados de la presión laboral que hasta les ha puesto nombre: *karoshi* o «muerte por exceso de trabajo».

¡No trabajaré tiempo extra, punto!

Yui Higashiyama, protagonista de la serie de televisión que todo el mundo ve en Japón, es una gestora de proyectos en una compañía que lucha por encontrar el equilibrio entre la vida personal y laboral. Solo quiere salir de la oficina y pasar por su bar favorito durante la *happy hour*.

Akeno, seudónimo de la autora de la novela en la que se basa la serie, explicaba su experiencia personal en una entrevista para *New York Times*: «Me tomó mucho tiempo aceptar que está bien no trabajar los fines de semana o las noches entre semana... En Japón, lo que se considera honorable no es lo que logras, sino que nunca tomes un descanso».

Sin ir más lejos, Kasumi Yao, el productor de la serie, no ha tenido vacaciones en doce años. Y es que la idea de que el trabajo requiere un gran sacrificio personal está muy arraigada en su cultura, a todos los niveles.

La mala noticia es que tal vez estés más cerca de lo que crees del drama laboral nipón.

Pregúntate si tu salud ha dejado de ser lo primero. ¿Te duele la espalda debido a las malas posturas en el trabajo y no vas al masajista porque no tienes tiempo? ¿Sufres insomnio debido a las preocupaciones que te llevas a casa en el maletín y, en lugar de cambiar hábitos o patrones en la oficina, te enchufas una pastilla?

Te propongo una forma de saber si es tu salud psicológica la que está en juego. Basta con que contestes a tres preguntas:

- ¿Te parece que el resto de tus compañeros y tus amistades no trabajan nada, en comparación contigo?
- ¿Crees que si perdieras tu trabajo no serías nadie, por lo que el resto de tu vida se iría al garete?
- ¿Has dejado de un día para otro de hacer actividades de ocio que siempre habían sido una fuente de entretenimiento y alegría?

Todos pasamos por picos de trabajo extremo. Uno de mis primos, gran emprendedor, me dijo hace poco: «Los domingos, mientras hago mis necesidades, mando *mails* con el teléfono». Pero sabe que se trata de algo excepcional debido a la fase de crecimiento de su empresa; o más bien ha tomado conciencia de que esa situación no puede convertirse en algo normal y está preparando cambios estructurales en su vida.

Que sea el último día que te sientes culpable por no irte de la oficina cuando acaba tu jornada, o por hacerlo antes que los demás. Esto no tiene nada que ver con tu compromiso con el trabajo o con su adecuado desempeño.

▪ Vivir ocupado o no vivir, esa es la cuestión

«La vida es demasiado corta para estar ocupado», dice el ensayista y caricaturista Tim Kreider.

Esta frase podría ser la solución al segundo mito que pretendo destruir en este capítulo. Sin embargo, para muchas personas, estar siempre ocupadas parece el mandato de una religión, un mantra vital. Parece ser un síntoma de alto estatus y de que las cosas nos van muy bien. Cuando alguien nos pregunta «¿Qué tal estás?», respondemos: «Uf, superliada». Y el otro repone: «Mejor eso que lo contrario, ¿no?».

Confundimos estar ocupado con ser productivos. Si no saltamos de una actividad a otra y no tenemos una montaña de proyectos pendientes, nos sentimos ansiosos. Pero ocupar nuestro tiempo haciendo cosas que no nos acercan a nuestros objetivos es peor que no hacer nada. Acabamos tomando malas decisiones, desmotivados, estresados e incluso quemados.

Esta histeria colectiva trasciende lo laboral y cala en nuestros hijos. Los apuntamos a actividades extraescolares, de fin de semana, de vacaciones, campamentos urbanos, rurales, viajes en familia... ¡Estamos todos superocupados, somos una familia muy exitosa! Pero la realidad es bien distinta. Lo que estamos es agotados.

La solución al ajetreo de la falsa ocupación no es vaguear ni ser perezoso. Es salir de esta trampa y recuperar el control de nuestro tiempo, en lugar de dejarnos llevar. Pregúntate cuál es el uso más eficiente de tu tiempo hoy. Presta atención y sé consciente de que hacer una cosa significa dejar de hacer otra.

Tal como apuntaba Peter Drucker, el padre de la gestión empresarial: «No hay nada tan inútil como hacer con gran eficiencia algo que no debería haberse hecho en absoluto».

¡Cuidado, M&M's en la oficina!

Para Jason Fried, cofundador de Basecamp y autor de varios libros sobre productividad, hay dos factores en la oficina que nos mantienen plenamente ocupados al tiempo que nos impiden desarrollar nuestro trabajo con eficacia: los M&M's (*meetings* y *managers*).

Para Fried, las reuniones son una lacra tóxica y venenosa con un gran coste para la empresa, ya que no se pierde una hora, sino una hora por asistente. Nos propone un juego: cancela ahora mismo la próxima reunión y verás como no pasa absolutamente nada.

Por su parte, los mánagers nos interrumpen constantemente haciendo su trabajo, es decir, asegurándose de que otros lo hagan. Es una de las manifestaciones del *micromanagement* al que le dediqué un espacio en *Money Mindfulness*. Nos preguntan qué tal vamos, si ya tenemos esto o aquello terminado, o para cuándo estará, y para colmo... ¡convocan reuniones!

■ La chispa adecuada

Nuestro éxito no depende solo de lo que hagamos durante nuestra jornada laboral, sino de encontrar un adecuado equilibrio entre la vida laboral y la personal.

Shawn Achor, autor de *The Happiness Advantage*, determinó que en una «compañía feliz», con empleados que se sienten realizados con lo que hacen, las ventas aumentan en un 37 por ciento y la productividad en un 31 por ciento, sin mencionar las mejoras en la calidad de vida y la salud del personal. No es que trabajando duro vayas a lograr el éxito que te conducirá a la felicidad, sino que ser feliz te estimulará para trabajar más duro y conseguir el éxito.

¿Cómo favorecer el ansiado equilibrio? James Clear, un autor que hemos mencionado más de una vez en este libro, utiliza la *teoría de los cuatro quemadores*.

Imaginemos que nuestra vida está representada por una cocina con cuatro quemadores que simbolizan: familia, amigos, salud y trabajo. Esta teoría sostiene: «Para tener éxito, debemos apagar uno de los quemadores. Y para ser realmente exitoso tenemos que cortar dos».

Si quieres sobresalir en tu trabajo y en tu matrimonio, tus amigos y tu salud sufrirán. Si deseas estar sano y tener éxito como padre, podrías verte obligado a reducir tus ambiciones profesionales.

Debemos elegir. ¿Qué quemadores quieres tener encendidos en tu vida?

La teoría de los cuatro quemadores revela una verdad que no nos gusta oír: *no podemos tenerlo todo*. Y nos hace tomar conciencia de que el tiempo es limitado. ¿Qué quemadores has apagado para mantener la llama de otros fuegos?

Decía Séneca que «el hombre ocupado de nada se ocupa menos que de vivir». Poniendo atención a cada hora y a cada minuto lograremos que ese no sea nuestro caso.

UN POCO DE SÍNTESIS

- Calentar la silla durante largas horas no es ser productivo. A veces el resultado es justo el contrario.

- Cuando acotamos el tiempo para realizar un trabajo somos mucho más efectivos que si disponemos de más horas o días.

- El exceso de horas de trabajo pone en serio peligro nuestra salud.

- Llenar de actividades el tiempo libre es otra forma de agotarnos sin que haya una razón para ello.

- Las reuniones y el control innecesario del trabajo de otros constituyen dos agujeros negros por los que se escapa el tiempo.

- El tiempo de más que dedicamos a nuestra carrera profesional lo robamos a nuestra vida personal y familiar.

PON LA TECNOLOGÍA DE TU LADO

Tus máquinas del tiempo

Cuando fantaseamos con el futuro, dejando de lado el contacto extraterrestre y la vida en otros planetas, siempre llega un día en el que la tecnología termina superando al ser humano. En cierto modo ya somos esclavos del monstruo que hemos creado: el Big Data, la inteligencia artificial, algoritmos que deciden por nosotros porque saben más de nosotros que nosotros mismos... Y, como ya hemos visto en capítulos anteriores, de aplicaciones que nos roban nuestra atención y nuestro recurso más preciado: el tiempo.

Pero no es la tecnología lo que te hace productivo o improductivo, feliz o infeliz, libre o adicto. Todo depende del uso que hagas de ella.

Como explica el físico Michio Kaku: «La potencia de los ordenadores se dobla cada 18 meses. Hoy tu teléfono ya es más potente que el ordenador de la NASA que llevó al hombre a la Luna. ¡Ese es el poder que hay en tu teléfono móvil!». ¿Imaginas lo que podríamos lograr si utilizásemos con cabeza ese increíble poder que tenemos en el bolsillo?

Mientras esperamos que la máquina del tiempo deje de ser también algo del futuro, vamos a aprender a poner la tecnología de nuestro lado para que nos ayude a estirar las horas y a mejorar la productividad.

■ Cinco minutos bastan para soñar toda una vida

Últimamente se habla de la tecnología del bienestar, de convertir el tiempo que pasamos frente a una pantalla en *tiempo de calidad*. Las empresas tecnológicas parecen sumarse al llamamiento: Mark Zuckerberg tenía como desafío personal para el año 2018 que *el tiempo que se pase en Facebook fuera tiempo bien invertido.*

Muchos consideran este movimiento un simple lavado de cara, pues sus resultados económicos dependen del tiempo que pasemos conectados. Y seamos conscientes de ello o no, seguimos financiándolos con nuestra atención y nuestro tiempo. Prueba de ello es que alrededor del 70 por ciento de las visitas en YouTube provienen de las recomendaciones que hace la propia página, optimizadas según los gustos y las visitas anteriores. Solo el 30 por ciento son visitas decididas por uno mismo conscientemente.

Quien se ha preocupado de este tema desde que estuvo trabajando en el departamento de ética en el diseño de Google es Tristán Harris, director y cofundador del Center for Human Technology. A través de esta organización hace un llamamiento a diseñar tecnología que proteja a las personas, devolviendo al ser humano la atención que nos ha robado.

Te recomiendo visitar la página en la que explica su gigantesco plan de acción, la cual ofrece muchos recursos, información y buenos consejos. En un proyecto desarrollado con Moment, una aplicación que ayuda a las personas a rastrear su tiempo frente a la pantalla, preguntó a un grupo de 200.000 usuarios de iPhone sobre el uso que hacían de las aplicaciones. Y concluyó que «nuestros sentimientos sobre las aplicaciones dependen de cuánto tiempo pasamos en ellas».

En cuanto a Facebook, soy feliz si paso en la red 22 minutos por día, pero infeliz si lo alargo hasta 59 minutos. Netflix me da 40 minutos de una felicidad que, al llegar a las 1,22 horas, se convierte en arrepentimiento. Y con Candy Crush son 12 minutos por día de deliciosos caramelos que se volverán de lo más indigestos a partir de los 47 minutos enganchado al juego.

En la página siguiente veréis una de sus gráficas, que habla por sí sola:

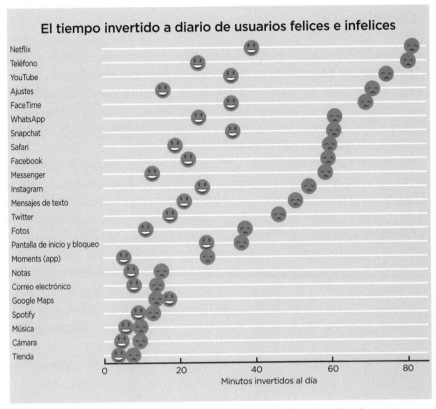

El tiempo invertido a diario de usuarios felices e infelices

Fuente: Center for Human Technology & Moment

En *Money Mindfulness* compartí el *principio de la media onza de chocolate*, una herramienta muy saludable para el estómago y para el bolsillo. Lo que nos procura el verdadero placer es el primer mordisco, mientras que el resto de la tableta la ingerimos por inercia, gula u otros impulsos igualmente perjudiciales. Esto se puede extrapolar a cualquier otro aspecto de nuestra vida. Comer media onza no significa vivir con escasez, sino disfrutar las cosas con plenitud, concentrándote en cada mordisco sin pensar en el siguiente.

Cinco minutos bastan para soñar toda una vida, decía Mario Benedetti. Pero ¿cómo parar a los cinco minutos? Basta con recuperar la atención.

■ *Time* mantra

Las herramientas de control que podemos encontrar en nuestro teléfono u ordenador nos muestran cuánto tiempo pasamos dentro de aplicaciones específicas e incluso nos permiten bloquear las notificaciones. Esto nos ayuda a tomar conciencia de cómo usamos el teléfono, nuestra máquina favorita; pero es solo un primer paso. Somos nosotros mismos los que debemos cambiar nuestros hábitos nocivos.

La mayoría de las ocasiones que consultamos el móvil lo hacemos de forma automática, como si de un movimiento reflejo se tratase, sin prestarle atención alguna. En España lo hacemos de media cada 10 minutos. Es lo primero que miramos al levantarnos y lo último al acostarnos, y también en mitad de la noche, cuando estamos desvelados. Y no solo eso. Una vez nos hemos metido en alguna aplicación, de forma igualmente inconsciente nos quedamos por un tiempo indefinido.

Para evitar esto, prestemos atención al instante en el que cogemos el móvil. ¿Qué fondo de pantalla de bloqueo utilizas? Tal vez una foto de tus seres queridos, un paisaje en el que pasaste un momento feliz o que te gustaría visitar, un cuadro que te resulta inspirador... Todo ello está bien, pero ¿qué tal si empleamos la pantalla para liberarnos de la pantalla?

Te sugiero que el fondo que aparece cada vez que lo enciendes muestre las siguientes preguntas escritas:

· ¿De verdad quiero abrir esta aplicación?
· ¿Para qué lo estoy haciendo?
· ¿Tengo tiempo para esto?

Verte obligado a releer y contestar este sencillo mantra cada vez que sientas el impulso de conectarte te permitirá salvar una gran cantidad de atención y de tiempo.

La primera pregunta te hará ver si la decisión de coger el móvil ha sido o no consciente. La segunda te alertará acerca de si estás huyendo de algo. En cuanto a la tercera, si decides que sí tienes tiempo, acuérdate de no pasarte.

En la página web de Julie Morgenstern, consultora de organizaciones y productividad desde hace más de treinta años, puedes encontrar unas fundas para tu teléfono con mensajes como *«Be Here Now»* que te ayudarán a eludir la llamada de la tecnología en comidas familiares, tiempo de estudio o lectura y ratos con tus amigos o pareja.

Forest: el bosque de mis objetivos cumplidos

Esta aplicación promete ayudarte a vencer la tentación constante de estar mirando el móvil y centrarte en lo que estás haciendo, en tu trabajo, estudio, familia o amigos. Todo ello a cambio de los 0,99 euros que cuesta la versión básica.

Funciona de la siguiente manera: eliges un tiempo durante el que tienes que estar concentrado en una tarea, en tu objetivo. De esta forma pones la semilla de tu árbol y nace una planta. El móvil se bloquea mientras la planta crece y tú vas cumpliendo tu objetivo. Pero si no vences a la tentación y sales de la aplicación para usar tu móvil... ¡Horror! Tu árbol muere irremediablemente.

Según vas cumpliendo objetivos, gracias a tu tiempo de concentración vas creando tu propio bosque virtual. Y, como extra bonos, vas recibiendo monedas virtuales que son canjeables por otras especies o por un árbol de verdad que se plantará en un bosque real.

Sus creadores trabajan de la mano de la ONG Trees for the future y aseguran que «hasta la fecha, Forest ha ayudado a nuestros usuarios a ahorrar más de 3,3 millones de horas y a plantar más de 8.000 árboles reales sobre la tierra».

¡Bendito sea el fruto de nuestra concentración!

Si crees que el *time* mantra no va a ser suficiente y necesitas un complemento, aquí tienes otras tres propuestas:

- *Busca hábitos alternativos.* En lugar de luchar contra tus hábitos nocivos tratando sin más de no llevarlos a cabo, reemplázalos por otros hábitos que te provean de un beneficio. Por la noche, no cargues el teléfono en tu habitación, déjalo fuera, y a cambio pon la ropa para hacer ejercicio muy cerca de tu mesilla. Nada más levantarte, no revises tus redes sociales; haz una tabla de ejercicios o una sesión de yoga. Evítalas también al acostarte; vuelve a leer un libro, como hacías cuando los móviles solo servían para llamar por teléfono y las plataformas digitales de contenidos no existían.

· *Crea tu «espacio tecnología cero».* Hay quien tiene una habitación del pánico completamente sellada e infranqueable para resguardarse cuando le entran ladrones en casa. ¿Por qué no hacer lo mismo contra los ladrones de tiempo? Escoge una habitación —basta con un rincón— para hacer esas cosas que te importan más que ninguna y que precisan de toda tu atención, dejando fuera toda herramienta tecnológica. Puedes tener en la puerta un pequeño estante en el cual depositar tu teléfono, como si se tratase del control de seguridad de un aeropuerto. Verás cómo, en nada, gracias a la calma de refugio que respirarás allí se habrá convertido en tu espacio favorito.

· *Sé exigente y selectivo.* Julie Morgenstern recomienda no tener más de cuatro canales de comunicación entre todos los que existen: correo electrónico, mensajes de texto, mensajes de Facebook, Twitter, Instagram, llamadas telefónicas... Pon límites al contenido que consumes, ya que buena parte de la información que absorbemos no añade valor a nuestra vida. ¿Acaso leerías sobre un tema que no te atrae en absoluto? ¿Merece la pena gastar tu tiempo con gente que no te aporta nada más que drama y agresividad, o solo me parece a mí que en Twitter hay muchas personas enfadadas?

■ Algunos consejos para poner la tecnología de tu lado

1. Usa la cámara, las notas o las notas de voz de tu teléfono para liberar tu mente y ahorrar tiempo en la búsqueda de tu coche en el aparcamiento o de libros o series recomendadas.

2. Si todavía ves la televisión en directo, no te descubro nada diciéndote que pierdes una cantidad de tiempo enorme con los anuncios. Graba ese programa que tanto te interesa.

3. Programa el tiempo que le vas a dedicar a una serie, a no ser que el plan sea consagrar una tarde para ver todas las temporadas de un tirón. En general, programa los tiempos de cualquier actividad que no sea muy productiva.

4. Utiliza el tiempo de tus desplazamientos para escuchar *podcasts* sobre cualquier tema de tu interés, audiolibros o para empezar a estudiar un idioma. Si lo que te pide el cuerpo es Candy Crush, recuerda: no más de doce minutos o tus caramelos se volverán amargos.

5. Utiliza la gestión electrónica para todo lo que sea posible: gestión de bancos, facturas, impuestos, cambios de proveedores de servicios, etc. Así evitarás desplazamientos y colas.

6. Hay muchas funcionalidades y comandos en tu *smartphone*, tableta u ordenador que no utilizas y que te harían ganar mucho tiempo. Por ejemplo, el matemático y profesor estadounidense Jake Miller enseña trucos y atajos para sacar el máximo partido a cada herramienta de Google. Busca sus tutoriales gratuitos en sus redes sociales y aprenderás cómo unir Gmail al calendario, entre otras muchas cosas.

UN POCO DE SÍNTESIS

- La tecnología no es buena ni mala en sí misma, todo depende del uso que hagamos de ella.

- Un uso moderado de las pantallas nos procura felicidad, en lugar de arrepentimiento. La clave está en parar a tiempo.

- De media, consultamos el móvil de forma automática cada 10 minutos.

- Un mensaje en la pantalla o en la funda del *smartphone* puede ayudarte a hacer un uso consciente de él.

- Puedes disponer en tu hogar de un santuario libre de tecnología.

- Hay aplicaciones y programas que nos ayudan a optimizar el tiempo que pasamos con los dispositivos.

LA BRÚJULA DE LOS BIORRITMOS
El mundo es para las alondras

Cada una de nuestras células tiene un reloj biológico impreso en su genoma. Gracias a él, el cuerpo es capaz de controlar los ritmos de todas las actividades orgánicas que se repiten de forma periódica, en concreto aquellas que responden al ciclo de un día, como el comer o el dormir.

Hace más de doscientos años, el astrónomo Jean Jacques d'Ortous de Mairan intuyó la existencia de este tictac interno. Fue al darse cuenta de que las plantas de mimosa se abrían por el día para recibir al sol y se cerraban por la noche para despedirlo... algo que continuaban haciendo incluso en tiestos dentro de una habitación oscura. Con luz o sin ella, el tictac seguía allí.

Con los seres humanos ocurre lo mismo. Nuestro reloj celular nos ayuda a sincronizarnos con las fluctuaciones del ascenso y caída de la luz solar y a adaptarnos a los patrones de un día gracias a lo que conocemos como ritmo circadiano. Esto explica que, por ejemplo, tu sistema cardiovascular se prepare para las variaciones posturales que adoptas durante el descanso nocturno.

Sin embargo, a pesar de que este reloj interno se ha creado evolutivamente para ayudarnos a vivir, muchas veces nos empeñamos en ir en contra de sus agujas, lo cual nos acarrea consecuencias nefastas.

■ A contracorriente

Un ejemplo típico —y anecdótico— de reacción adversa que se produce cuando alteramos este ritmo es el *jet lag*. Al volar durante muchas horas a favor o en contra de la rotación del planeta, sometemos al cuerpo a un cambio brusco de horarios y nuestro organismo se descontrola.

Otro más grave podrían ser los trastornos del sueño debidos a un hábito tan simple como mirar el móvil mucho rato cuando nos vamos a la cama. Dado que el sol es el regulador que cada mañana pone en hora nuestro reloj biológico, el cerebro responde muy sensiblemente a las señales lumínicas. Por ello nos entra sueño unas horas después del ocaso, una respuesta que puede alterarse por la exposición continuada a luz artificial de tu *smartphone*.

Está científicamente probado: el buen funcionamiento de nuestro reloj biológico —y por lo tanto de nuestro organismo y cerebro— guarda relación directa con lo organizada que sea nuestra existencia.

Michael Young, premio Nobel de Medicina 2017 por sus estudios sobre los mecanismos moleculares que hacen funcionar el reloj interno, decía en una entrevista para BBC Mundo: «No hay manera de regular los niveles de proteínas que controlan el ritmo circadiano con medicamentos, pero podemos mantenerlas a un nivel adecuado cuidando los horarios de las comidas y el sueño».

Y, sin embargo, nos empeñamos en romper nuestros ritmos, yendo contra natura para adaptar nuestra agenda a los requerimientos de largas jornadas del trabajo, entre otras áreas de nuestra vida.

Como veremos más adelante, necesitamos establecer un cronoplan si no queremos padecer, a medio y largo plazo, unas consecuencias mucho más graves que un inofensivo *jet lag* por haber cruzado el océano.

Jet lag social

Si llega el viernes y te acuestas más tarde de lo habitual, bien porque has decidido socializar o porque te has quedado tirado en el sofá viendo tres capítulos de tu serie favorita, y el sábado te levantas a las tantas y vuelves a acostarte tarde porque ya dormirás el domingo por la mañana, probablemente sufras *jet lag social*.

Según recoge un estudio financiado por el Consejo de Investigación Médica de Reino Unido y el Instituto Nacional para el Envejecimiento de Estados Unidos, no solo es importante el número de horas que dormimos, sino también la regularidad de nuestros horarios. La variación temporal límite en tus rutinas a partir de la cual se empiezan a observar biomarcadores poco saludables es de dos horas.

Los desajustes superiores de los horarios de sueño entre los días laborales y los festivos alteran nuestro ritmo circadiano. El efecto más obvio es que nos sintamos soñolientos, de peor humor y con fatiga. Los estudiantes universitarios que siguen horarios irregulares muestran peor calidad en el sueño y un consiguiente peor rendimiento académico.

Dado que el ritmo circadiano controla procesos tan importantes como la secreción hormonal o la actividad de las células inmunitarias, hay una correlación entre el desajuste horario y el aumento del riesgo de sufrir depresión, obesidad, enfermedades cardíacas o diabetes.

Si cambias constantemente tus horarios de sueño y, por tanto, la exposición a la luz durante los fines de semana, los relojes en tus órganos y tejidos estarán siempre fuera de sincronía.

¿Cuál es tu cronotipo?

Así se conoce la predisposición natural de cada persona a estar más o menos despierta o alerta según la hora del día. Dependiendo de cuándo experimentemos nuestros picos de energía o momentos de descanso, si somos más activos durante las horas de luz o durante la noche, nuestro cronotipo será de uno u otro.

Dicho de forma más científica, nuestro cronotipo depende de cómo estemos sincronizados con el ritmo circadiano al que antes hemos hecho alusión, responsable de los ciclos de veinticuatro horas. Y el combustible para que esta precisa maquinaria funcione es la melatonina. Esta hormona se libera en la oscuridad y provoca dos efectos paralelos: inducirnos al sueño y determinar *a qué horas del día estamos más despiertos y, por tanto, somos más productivos.*

Para cuando nacemos, ya se le ha dado cuerda a nuestro reloj biológico personal —de hecho, las mutaciones que afectan a los genes responsables de este reloj son hereditarias—, por lo que podemos decir que cada persona viene a este mundo con un cronotipo asignado.

Las personas matutinas son conocidas como *alondras*. Se levantan temprano y con la energía al cien por cien. Las mañanas son su mejor momento y, a medida que pasan las horas, el cansancio les va haciendo mella, apagándolas como una vela. Si tienen la oportunidad, se acuestan pronto y se duermen rápido.

Los vespertinos se conocen como *búhos*. Yo soy uno de ellos (de hecho, lo soy tanto que me asemejo más a un murciélago). Si alguien se cruza en nuestro camino recién nos hemos despertado, lo máximo que escuchará será algún que otro sonido ininteligible. Nos arrastramos como podemos durante las primeras horas y vamos activándonos a medida que avanza el día, para terminar alcanzando nuestro pico de productividad entre las 16 y las 18 horas. Yo puedo estar completamente agotada a las 20 horas, bostezar cinco veces seguidas y ser incapaz de mantener los ojos abiertos..., y de repente mi cerebro se reactiva. Revivo, vuelvo a estar despierta del todo, ni hablar de irme a la cama a las once.

Por suerte, el 70 por ciento de la población alza el vuelo como los *colibrís*. Esto es, a mitad de camino entre las alondras y los búhos.

Si tienes alguna duda, puedes echar un vistazo en internet al Cuestionario de Matutinidad-Vespertinidad de Horne y Ostberg, y, de forma sencilla, definir tu cronotipo. También te será útil hacerlo acompañado, si eres un pequeño búho que se emparejó con una alondra que no te comprende.

■ ¡Qué dura es la vida de los búhos!

Y es que, a los búhos, las alondras los miran regular. Piensan que si se levantan tarde es solo porque son unos vagos o porque habrán trasnochado después de perder el tiempo, y les dirán que menos mal que están ellos para madrugar y «levantar» el país.

Son las alondras quienes se llevan la fama de ser más productivas y eficientes, además de ser un modelo social, porque se van a la cama a una hora decente. Pero también han de comprender que, en su patrón más extremo, los búhos están haciendo un gran esfuerzo por adaptarse a la vida típica de oficina de nueve a seis de la tarde. Viven en un permanente *jet lag*.

Sin embargo, no todo son malas noticias para los noctámbulos. Estos tienen una serie de capacidades y virtudes que ya querrían para sí las alondras, por ejemplo:

- *Calma:* Dado que por su genética reciben una menor inyección mañanera de cortisol —una de las hormonas del estrés—, suelen vivir más relajados.
- *Flexibilidad:* Acostumbrados a volar siempre a contracorriente, han aprendido a adaptarse a los tiempos del resto de la gente, sobre todo en el ámbito laboral. Hacen cabriolas para trabajar al cien por cien por la mañana y, cuando el resto sucumbe a media tarde, ellos están como una rosa.
- *Planificación:* Antes de acostarse están suficientemente despiertos para hacer algo que es puro TM: planificar las actividades fundamentales del día siguiente. Como suele decirse: «un buen día siempre empieza la noche anterior».
- *Visión:* Les cuesta coger el sueño, pero lo aprovechan para contemplar sus vidas con perspectiva y analizar sus problemas, relativizando las cosas y encontrando soluciones más sencillas.

Aunque de un tiempo a esta parte parece que solamente les va bien a los que madrugan, como vimos en el libro de Sharma, también tenemos algunos búhos famosos, entre los que se cuentan: Franz Kafka, Winston Churchill, Bob Dylan, J.R.R. Tolkien, Barack Obama y Marcel Proust. Este último, en una de esas noches, escribió estas líneas:

> Los días quizá sean iguales para un reloj, pero no lo son para un hombre. Hay días empinados e incómodos, que cuesta un tiempo infinito coronar, y días en cuesta abajo, que pueden bajarse con facilidad cantando. Para recorrerlos, las naturalezas —particularmente las que son un poco nerviosas— disponen de diferentes velocidades, como los automóviles.

> ## Ojo al despertador
>
> En especial los búhos, que tienen un despertar más traumático, deberían evitar las alarmas que ponen los nervios de punta nada más empezar el día. Tal como recomienda Anna Sólyom en su *Pequeño curso de magia cotidiana*:
>
> «Si no eres del tipo de persona que se despierta por sí sola y necesitas usar un despertador, evita los sonidos estridentes: alteran tu sistema nervioso y disparan la respuesta de "correr o luchar". En lugar de ello, programa una melodía o una canción que te guste y te colme de energía».

■ Una cuestión de productividad

De entrada, pensar en planificar la jornada de una empresa teniendo en cuenta los cronotipos de todos sus empleados puede parecer una utopía. Nada más lejos de la realidad. Se trata más bien de un cambio cultural, ya que con una o dos horas de oscilación en las plantillas convencionales puede ser suficiente. Y la contrapartida es inmensa, ya que mejora la productividad y el estado de ánimo de los trabajadores.

Los empleados de la farmacéutica danesa AbbVie diseñan sus horarios buscando el máximo aprovechamiento de sus fortalezas biológicas. Primero reciben formación para identificar cuál es su mejor momento del día, en el que acometen los trabajos más creativos o exigentes —no sorprende que sean las mañanas para madrugadores y las tardes para trasnochadores—. Una vez conocido su cronotipo, destinan los periodos de menor energía a tareas administrativas o más mecánicas, como gestionar correos electrónicos.

Además, gracias al horario flexible evitan las horas punta de tráfico, lo que les ahorra tiempo y les permite conciliar mejor su vida personal y profesional. Pueden recoger a sus hijos del cole por la tarde y luego trabajar desde su casa por la noche, una vez que los hayan acostado.

Después de diez años, el nivel de satisfacción de los empleados con la conciliación familiar ha aumentado del 39 por ciento a casi el 100 por ciento. Como dijo Christina Jeppesen, gerente general de la compañía: «La flexibilidad permite a las personas ofrecer los mejores resultados posibles»; y yo añadiría: no solo en la empresa, sino también en su casa.

Empezaremos prestando atención y escuchando a nuestro propio cuerpo, habida cuenta de que solo tenemos uno y *es mejor trabajar con él que contra él*. Haremos un seguimiento de nuestra energía y motivación e identificaremos aquellas horas de máxima actividad interna, durante las cuales estamos más alerta y productivos.

Recuerda que cuando hicimos el *tracking* de nuestras actividades ya incluimos una casilla sobre nuestro nivel de energía y concentración. Para ser precisos, deberíamos estudiarlo durante al menos dos o tres semanas y, si es posible, sin elementos externos que contaminen los resultados, tales como la cafeína.

Ten en cuenta que tu cronotipo puede haberse camuflado después de tantos años de compromisos laborales y sociales que a veces empujan hacia hábitos contrarios al propio reloj interno.

Una vez identificado, haz coincidir tus tareas prioritarias, las más importantes, con tus horas más productivas. Así de simple, puro TM.

Para terminar, te sugiero que dediques a estas actividades no más de noventa o ciento veinte minutos. A partir de ese tiempo, haz un descanso y vuelve a retomarlas si es necesario. ¿Por qué te digo esto? Los biorritmos contraatacan. Además del *ritmo circadiano* que regula los patrones de un día, hay otro llamado *ritmo ultradiano* que regula periodos más breves. Gracias a los estudios del investigador del sueño Nathaniel Kleitman, sabemos que nuestro cerebro no puede mantener la concentración de forma óptima por encima de las dos horas.

Bailemos al ritmo de nuestro reloj interior, no agotando nuestro cerebro ni nuestro cuerpo, y la vida nos resultará más fácil, alegre y productiva.

UN POCO DE SÍNTESIS

- Unos hábitos ordenados ayudan a fluir con nuestro biorritmo, lo cual nos procura más energía para aprovechar mejor el tiempo.

- Alterar mucho las pautas de sueño en el fin de semana hará mella en nuestro rendimiento durante toda la semana.

- Conocer el propio cronotipo nos permite saber qué momento del día es el más adecuado para hacer las cosas importantes.

- Una alarma estridente es la peor manera de empezar la jornada.

- Cada dos horas, como máximo, nuestro cerebro necesita un descanso para mantener su concentración.

CONCENTRA Y VENCERÁS

Quien persigue dos conejos, no caza ninguno

Una fábula africana cuenta que un león vio a una liebre dormida en mitad de la sabana, pero, mientras se acercaba sigiloso para cazarla, pasó cerca de él una gacela. Al ver que esta le ofrecía un mejor banquete, salió corriendo tras ella entre fuertes rugidos.

En ese instante, la liebre se despertó y corrió en dirección contraria. Poco después, el león, cansado de perseguir a la gacela sin alcanzarla, volvió a por la liebre, pero descubrió que no le había estado esperando y, por culpa de su ansia, había perdido las dos presas.

Abatido, el león volvió a vagar por la sabana, con la lección aprendida y dispuesto a cazar la primera presa que encontrara.

La enseñanza que extraemos de esta historia tradicional es clara: *cuando la atención se divide, no solo no ganamos oportunidades, sino que además podemos perderlo todo.*

■ Zen: la escuela de la atención

El ritmo frenético de la vida actual nos pasa factura cuando nuestra mente está revolucionada. Queremos hacer tantas cosas en el tiempo cada vez más escaso del que disponemos que nos sucede como el león: acabamos no haciendo nada bien.

Un proverbio zen resume en una frase esta misma idea: *«Quien persigue dos conejos, no caza ninguno».* Y esta misma escuela del budismo centra sus enseñanzas en calmar la mente y el cuerpo para vivir nuestro tiempo de forma genuina, siendo conscientes de cada segundo que nos regala la existencia.

Meditación básica

No es necesario tener un maestro ni pasar horas en el zendo delante de una pared para practicar la meditación. Basta con sentarse —incluso en una silla— de forma relajada, manteniendo la espalda erguida, entornar los ojos e inspirar y espirar lenta y profundamente durante algunos minutos, concentrando toda la atención en el aire que pasa de forma silenciosa por las fosas nasales.

Jennifer Brooks, autora de *La magia de la meditación zen*, da su propia visión de los hábitos zen para mejorar la vida y la concentración a través de estos once pasos:

1. *Deja de realizar múltiples tareas.* Mantén la concentración en una única actividad cada vez, sin llevar a cabo varias de forma simultánea. Esto nos permite sentir de verdad aquello que estamos haciendo. Intentarlo a la hora de comer es lo más sencillo: come sin ver la televisión u otra distracción, simplemente concentrado en el plato.

2. *Completa una actividad antes de pasar a la siguiente.* Se debe superar el impulso de la mente de empezar siempre nuevas tareas, lo que está relacionado con el punto anterior.

3. *Hazlo despacio.* Vale la pena dedicar a cada cosa su debido tiempo, sin prisas por terminar nada y poniendo toda la atención en ella.

4. *Reduce el nivel de actividad.* Para alcanzar la paz y ser dueño de nuestro tiempo, hay que hacer menos, reducir la lista de cosas que realizamos, lo cual implicará mucha mayor atención y cuidado a cada una de ellas.

5. *No programes una actividad tras otra.* Debe haber un espacio entre ellas para respirar; además has de crear un colchón de tiempo por si una de ellas se alarga más de lo esperado.

6. *Crea un horario.* Teniendo en cuenta lo que acabamos de decir, puedes establecer un tiempo específico para hacer las cosas realmente prioritarias. Así te asegurarás de que todo lo que importa se ha completado.

7. *Descubre el poder de un ritual.* Puede ser encender una vela, realizar una serie de movimientos o ejercicios, o cualquier otra cosa que ayude a la mente a prepararse para el trabajo.

8. *Sirve a los demás con una sonrisa.* Por mínima que sea la ayuda, incluso si solo es recoger algo del suelo o abrir una puerta, hacerlo con una sonrisa te permitirá vivir en «modo zen» la actividad, sintiendo con todos los sentidos aquello que se hace.

9. *Elimina las cosas innecesarias de la vida.* Desde objetos que no usamos hasta actividades que no suponen más que una carga, soltar ese lastre hará la vida mucho más llevadera, pues conservaremos solo aquello por lo que seríamos capaces de luchar y liberaremos una ingente cantidad de tiempo.

10. *Crea momentos de meditación en actividades ordinarias.* Caminar hacia el trabajo, lavar los platos o cualquier otra tarea rutinaria puede servir de disparador de la meditación, viviendo nuestro tiempo de forma consciente.

11. *Vive el momento.* Lo único que te pertenece plenamente es el aquí y el ahora, si concentras la atención en la actividad que realizas en este mismo instante.

▪ Dispersión *versus* atención

Como hemos visto en anteriores capítulos, la concentración es fundamental para vivir un tiempo de calidad y efectividad, pero eso tiene un precio: la atención plena obliga a ignorar el resto de las cosas durante ese momento.

La capacidad de hacer dos cosas a la vez es lo que modernamente se conoce como *multitasking*. Y, de hecho, el cerebro humano es capaz de realizarlas al mismo tiempo, siempre que la complejidad de ellas no sea muy alta: cocinar mientras se ve la televisión, poner una lavadora escuchando música...

El cerebro está preparado para hacer dos cosas a la vez, en efecto, pero no para concentrarse en ambas al mismo tiempo. Por lo tanto, podemos acometer varias cosas simultáneamente, pero de forma mecánica, sin atención ni conciencia.

Esto puede ser fantástico cuando barremos la casa mientras escuchamos un *podcast*, pero resultará en un desastre si estamos calculando el pago de impuestos y, entretanto, nuestra pareja nos está explicando algo vital.

Además de esa ausencia de atención, sufriremos la fatiga de pasar de una actividad a otra, de lo que ya hemos hablado. Y a eso hay que añadir que muchas veces, en especial en trabajos creativos, cuando cortamos el flujo ya no somos capaces de volver al punto en el que lo habíamos dejado.

Sucede igual en las conversaciones, que tienen su momento único, y también en una tarea como escribir un informe, un correo, un artículo.

Cuando algo o alguien nos interrumpe mientras estamos escribiendo un párrafo, luego tardamos minutos en ser capaces de retomarlo donde estaba, y la mayoría de las veces una idea que estaba fresca en la cabeza se esfuma para no volver.

De todo esto hemos podemos extraer una ley muy útil: *si solo podemos dedicar nuestra atención plena a una cosa a la vez, hay que saber elegirla bien en cada momento.*

■ La doble lista de Warren Buffett

En efecto, por muchas técnicas que utilicemos para optimizar el tiempo, aumentando nuestra concentración, la clave fundamental para vivir con TM está en la elección de nuestros objetivos.

Warren Buffett, uno de los grandes inversores de nuestra era, se ha distinguido también por su experta gestión del tiempo con un sistema de elección de prioridades de lo más peculiar y funcional.

Un día, hablando con Mike Flint, su piloto personal durante diez años, sobre los planes de futuro de este, Buffett le pidió que siguiera tres pasos para hacerlo:

1. Escribe tus 25 metas profesionales.
2. Revisa esta lista para elegir las 5 más importantes.
3. Haz una lista secundaria con las 20 restantes.

Flint se decidió a trabajar en las 5 metas de inmediato, pero Buffett le preguntó entonces:

—¿Y qué piensas hacer con las otras veinte?

—Las primeras cinco son mi prioridad, pero las otras andan cerca, en un segundo escalón. Son también importantes y trabajaré en ellas cuando pueda. No son tan urgentes, pero les quiero dedicar un buen esfuerzo.

—¡No! —replicó Warren Buffett—. Estás equivocado, Mike... Lo que no marcaste se ha convertido en la lista de lo que debes evitar a toda costa. No importa nada que no le dediques tu atención hasta que hayas acabado con éxito tu top 5.

Este ejercicio me parece tan brillante que te propongo, querido lector, que te pongas enseguida a hacerlo, una vez que hayas leído el resumen del capítulo y antes de pasar al siguiente.

UN POCO DE SÍNTESIS

- La dispersión es una gran fuente de fracasos, debido a que el éxito va ligado al estado contrario: la atención.

- Se puede meditar al dedicarnos simplemente a comer mientras lo estamos haciendo.

- No empieces varias cosas a la vez. Cuando acabes una ya empezarás la siguiente.

- Hay que reservar un colchón de tiempo entre las cosas que hacemos.

- Los rituales preparan a la mente para centrarse en una actividad.

- Podemos hacer varias cosas a la vez, pero no concentrarnos en ellas.

- Cuando interrumpimos una actividad creativa, muchas veces es imposible volver al mismo punto.

- Saber cuáles son nuestros cinco grandes objetivos vitales nos ayudará a vivir con sentido y con TM.

LA PAUSA ACTIVA
Cuando no hacer nada puede cambiarlo todo

Una fábula moderna de autor desconocido cuenta que un caminante llegó a un pueblo y se dirigió a un anciano que estaba sentado en un porche sin hacer nada.

—Escuche, buen hombre —le preguntó el caminante—. ¿Sabe adónde va esta carretera?

—Nunca he visto que vaya a ningún lugar —le respondió el viejo—. Cada mañana, cuando me levanto, miro por la ventana y todavía está.

—Lo que yo quiero saber es si tengo que cogerla para ir a Fortsmith.

—No tiene ningún sentido que lo haga: allí ya tienen una, de carretera.

—Supongo que usted ha vivido aquí toda la vida —comentó el caminante, a lo que el anciano respondió:

—Todavía no.

Lo que puede parecernos un diálogo de besugos es, en realidad, un cara a cara entre dos hombres de signo opuesto: uno conoce el arte de no hacer nada y el otro no. El anciano es pura presencia, no necesita ir a ningún sitio ni hacer nada para justificar que existe en el mundo. Por eso el viajero no comprende sus respuestas.

Cuando sientes que corres como un pollo sin cabeza, cuando ya no sabes dónde estás ni adónde te diriges, es el momento de hacer un receso.

Beneficios del «espacio negativo»

«Para la orden monástica de San Benito, el periodo entre las doce y las tres era conocido como la hora sexta. Durante ese rato, los religiosos yacían en total silencio para retomar energías para el resto del día. "Sexteaban", de ahí viene el nombre de esta costumbre que, diez siglos después, el mundo entero identifica como un lujo español.

Tal vez sea un lujo, pero sin duda es salud física y mental, y una buena herramienta para mejorar la gestión de nuestro tiempo.

Siempre que no exceda de los cuarenta minutos (ya que a partir de entonces empieza a generar efectos contrarios), la siesta abre las compuertas de la serotonina, inundándonos de satisfacción y bienestar; previene las cardiopatías, reduciendo la tensión arterial y el ritmo cardíaco; y ayuda a disminuir el estrés y el riesgo de padecer enfermedades cardiovasculares, al liberarse la hormona del crecimiento, antídoto del cortisol que estimula el sistema inmunológico.

Por otro lado, según la Universidad de Berkeley, resetea el cerebro, fija los conocimientos ya adquiridos y facilita el aprendizaje, aumentando la concentración y la productividad. No es magia, ni leyenda urbana. Durante el sueño, los recuerdos recientes se transfieren del hipocampo al neocórtex, nuestro disco duro, donde se consolidan los recuerdos a largo plazo. Incluso —añade el profesor de Psiquiatría de Harvard Robert Stickgold—, tras alcanzar la fase REM del sueño, al despertar se impulsa la conexión entre ideas, de modo que se facilita la resolución de problemas que nos resultaban agobiantes antes de la cabezadita. Incluso la NASA, tras descubrir que la siesta evita un 34 por ciento de errores y mejora los reflejos al duplicar los niveles de alerta, obliga a sus pilotos a dormirla diariamente durante veintiséis minutos.

Quiero pensar que la invención de la siesta es la forma española de unirnos al concepto de "espacio negativo". Decía el diseñador Alan Fletcher que el espacio vacío es sustancia, necesario para entender y disfrutar del objeto. Cézanne pintaba el espacio vacío. Mallarmé concebía sus poemas con tantos silencios como palabras. Ralph Richardson decía que la magia del actor radica en el control de las pausas. Isaac Stern describía la música como esos pequeños silencios que hay entre cada nota.

Los japoneses tienen una palabra para este intervalo que da forma a la totalidad. Lo llaman *Ma*. En Occidente no hay un término concreto. Gracias a los monjes de San Benito, podríamos empezar a llamarlo "siesta".»

ANDRÉS PASCUAL

■ El poder del *niksen*

Estamos tan acostumbrados a sobreocuparnos, el *horror vacui* dirige tanto nuestra vida, que es extremadamente raro ver a alguien entregado al noble arte de no hacer nada. Incluso cuando no estamos haciendo nada de valor, ocupamos los sentidos con cosas que «distraen» a la mente, con lo cual no estamos favoreciendo el espacio vacío que exige la creatividad para dar forma a algo nuevo.

Los holandeses tienen una palabra, *niksen*, que significa «no hacer nada» de forma genuina, como por ejemplo:

- Limitarse a descansar y a mirar el techo de la habitación, sin necesidad de más actividad.
- Mirar por la ventana para contemplar el cuadro vivo y cambiante del mundo.
- Caminar o estar sentados en cualquier lugar sin otro estímulo que lo que sucede, analógicamente, a nuestro alrededor.
- Soñar despiertos.

Esto último es un beneficioso efecto de la inactividad que, según Sandi Mann, psicóloga de la Universidad de Lancashire Central en Reino Unido, «nos vuelve literalmente más creativos, mejores para solucionar problemas, más capaces de tener ideas creativas (...). Deja que la mente busque sus propios estímulos, es ahí donde empezamos a soñar despiertos y la mente comienza a vagar, y es en ese punto cuando hay más probabilidades de que nos llegue la creatividad».

Cuando llevamos mucho tiempo ocupados en mil cosas, llega un punto en el que nuestra energía mental está agotada, y es ahí donde el *niksen* puede hacer milagros.

Entre los beneficios de una sesión de *niksen* está:

- Resolver problemas para los que, en nuestro estado de agotamiento, no veíamos remedio.
- Adquirir nuevas perspectivas sobre la propia vida, también cuando no nos vemos enfrentados a ninguna dificultad.
- Recargar las pilas del cuerpo y la mente, con lo cual luego rendiremos mucho más. Como decía Ovidio hace dos milenios: «*Tómate un respiro; el campo que ha reposado da una cosecha más abundante*».

Si no estás acostumbrado al *niksen*, al principio te resultará difícil entregarte a él, ya que tu zona de confort es estar ocupado. Sin embargo, merece la pena que abraces esa incomodidad, ya que puede haber un antes y un después en tu existencia al parar máquinas.

El misterio de los coches de alquiler japoneses

Recientemente, una compañía japonesa de coches de alquiler llevó a cabo una investigación tras darse cuenta de que una parte de sus usuarios devolvían el vehículo sin haber añadido kilometraje alguno, más allá de unos centenares de metros. Esto era así, sobre todo, en los alquileres de media hora, con un coste algo por encima de los tres euros.

Las encuestas hechas entre los clientes arrojaron resultados sorprendentes. Se descubrió que muchos alquileres se realizaban solo para poder echar una siesta —los japoneses duermen una media de 6 horas y 35 minutos al día, 45 minutos por debajo de la media internacional— o para comer con tranquilidad lo que compraban en un *take away*, lejos del ruido de otras personas. Algunos, incluso, confesaron haberlo utilizado para una sesión individual de karaoke.

La conclusión a la que se llegó es que estos usuarios no deseaban ir a ninguna parte, sino simplemente gozar de un rato de calma, nuevamente el *niksen* de los holandeses.

▪ Consejos de un pausólogo

Marcelo Estraviz, que hoy día es el mayor experto en *fund raising* para ONG en Brasil, cuenta que en su pasado como ejecutivo de grandes compañías llegó a un punto en el que ya no era feliz con su vida. En sus propias palabras, pensaba que había llegado a este mundo «para algo más que vender yogures», uno de los sectores en los que había trabajado.

Este sentimiento de insatisfacción lo llevó a tomarse un año sabático que cambiaría totalmente su vida. Además de mejorar su salud y su estado de ánimo, ese parón le sirvió para *entender qué quería hacer con su vida*, algo que resulta imposible cuando vives siempre contra reloj.

Con unos meses de reserva financiera, se despidió de su empresa y del alto sueldo que cobraba sin tener un plan B. Sin embargo, pronto vio cómo la pausa que se había tomado clarificaba su camino.

Decidió, por ejemplo, que no quería entregar su tiempo a las multinacionales y sí encauzar su vida a favor del bien común, incluyendo a las personas más necesitadas. Al principio, su trabajo de consultoría para ONG no le retribuía mucho dinero, pero sí un gran caudal de alegría. Con el tiempo, sin embargo, haber elegido el camino correcto le ha permitido vivir holgadamente de su pasión.

Desde entonces, Marcelo Estraviz ha disfrutado de otros años sabáticos para «repensar» su vida e incluso está ayudando a otras personas, como pausólogo, a realizar pausas activas.

Hablamos de «pausa activa» porque en ese aparente no hacer nada se está gestando un futuro que jamás podría llevarse a cabo en medio de la tormenta de actividades.

Si sientes que «no puedes con todo» o que necesitas urgentemente un cambio, considera la opción de tomarte un año sabático. Si no puedes permitirte tanto tiempo, regálate al menos unos meses. Algunos consejos de Estraviz antes de emprender esta experiencia transformadora:

1. La pausa debe ajustarse al colchón financiero que te hayas procurado. Por eso, antes de «parar máquinas», mira cuánto tiempo puedes aguantar sin ganar dinero. Para un «sabático» de seis meses, por ejem-

plo, debes tener fondos para cubrir tus necesidades nueve o diez meses, ya que precisarás un margen para luego volver a generar ingresos.

2. Si eres un *superworkaholic*, una pausa demasiado larga te puede hacer daño, según el consultor brasileño. Para una persona acostumbrada a trabajar de sol a sol de lunes a domingo, bastará con un fin de semana de auténtica desconexión, por ejemplo en un retiro. Al igual que hay que iniciarse en un deporte paulatinamente, hacer pausas es también algo que hay que aprender. Luego se puede ampliar el espacio sabático.

3. Incluso una caminata de una hora, si has dejado el *smartphone* en casa o en la oficina, es una excelente pausa, ya que te permitirá respirar y fijarte en cosas a las que normalmente no prestas atención. Al liberarte de todos los dispositivos y obligaciones, tu organismo te hará pensar de otra forma y tendrás *insights* incluso en esa primera hora.

Las *think weeks* de Bill Gates

Desde hace tiempo, el fundador de Microsoft y gran filántropo del Silicon Valley reconoce que dos veces al año se toma una «semana de reflexión» en un lugar apartado de la civilización. Estos retiros, aunque mucho más breves que un año sabático, le permiten reflexionar sobre el futuro de la tecnología y gestar nuevas ideas para su empresa, así como para sus obras sociales.

Estos retiros de siete días implican, lógicamente, pasar mucho tiempo solo, ya que durante este periodo corta cualquier contacto con su familia y colaboradores, y solo cuenta con una persona que deja en su puerta dos comidas sencillas al día.

Bill aprovecha la *think week* para leer libros, tomar notas, reflexionar y proyectar nuevas iniciativas.

En la única ocasión en la que un periodista tuvo acceso a este refugio del magnate de la tecnología, este pudo fotografiar estanterías abarrotadas de grandes libros, un retrato de Victor Hugo en la pared, una pequeña nevera llena de refrescos sin azúcar y muchos folios de color naranja para tomar notas.

▪ Wu Wei y descompresión

Muchos milenios antes de que los holandeses hablaran del *niksen*, los filósofos chinos ya encumbraban el Wu Wei, el arte taoísta de la «no acción», como se suele traducir.

Especialmente en momentos de gran caos o tensión, en los que cualquier iniciativa solo puede empeorar las cosas, el Wu Wei recomienda no forzar nada y esperar a que pase el vendaval para pensar con claridad. Los taoístas ponían como ejemplo a las plantas, que crecen sin esfuerzo y de forma imperceptible, sin precipitarse.

Un cuento tradicional para ilustrar este concepto tiene como protagonista a un devoto muy conocido por su celo y esfuerzo. Meditaba día y noche en el templo, sin pararse ni siquiera para comer o dormir. A medida que pasaba el tiempo, fue adelgazando y agotándose más y más.

El maestro del templo le aconsejó que fuese poco a poco y que se cuidase más a sí mismo. Pero el devoto no hizo caso.

—¿Por qué corres tanto, qué prisa tienes? —preguntó el maestro.

—Busco el conocimiento —respondió el devoto—, no puedo perder tiempo.

—¿Y cómo sabes —preguntó el maestro— que el conocimiento va por delante de ti, de modo que tienes que correr muy deprisa detrás de él? Quizá va detrás de ti, y todo lo que necesitas para encontrarlo es quedarte quieto. Sin embargo, te estás alejando.

Esa es la esencia del Wu Wei.

UN POCO DE SÍNTESIS

- «No hacer nada», en su justa mesura, puede ser la actividad más productiva de nuestra semana.

- Para los adictos a la actividad, «parar máquinas» supondrá al principio salir de la zona de confort.

- Toda pausa bien hecha es activa, porque trae resultados beneficiosos a posteriori.

- Aunque no podamos permitirnos un año sabático, una *think week* o incluso una caminata de una hora puede obrar milagros.

- En momentos de caos y confusión, la «no acción» suele ser la mejor medicina.

NUEVOS HÁBITOS PARA VIVIR CON TIME MINDFULNESS

La felicidad es un animal de costumbres

Los hábitos están estrechamente ligados al tiempo, ya que determinan el uso que hacemos de él. Un fumador, por ejemplo, necesita abandonar el puesto de trabajo varias veces al día para salir a fumar. Todo ello sumado es una pérdida de tiempo, además de las consecuencias que tiene para la salud.

Por eso, nadie dirá que fuma de forma habitual en una entrevista de trabajo.

Este es solo un ejemplo muy sencillo de hasta qué punto nuestras costumbres condicionan nuestra vida, por lo que sustituir las perniciosas por otras positivas redundará en más tiempo de calidad.

■ Somos lo que hacemos

Los hábitos son todas aquellas decisiones y acciones que llevamos a cabo cada día, la mayoría de ellas de forma automática.

Mucho de lo que vivimos, disfrutamos o sufrimos viene determinado por estas acciones que ocupan gran parte de nuestro tiempo. Nuestro estado de salud, felicidad o riqueza depende en gran parte de rutinas adquiridas mucho tiempo atrás, y que se han fosilizado en nuestra vida. Porque *todo lo que haces repetidamente acaba creando la persona que eres*, adaptando la famosa frase escrita por el filósofo Ludwig Feuerbach en 1850: *Somos lo que hacemos*.

Antes de ahondar en este tema, veamos cómo podemos crear un hábito y, por extensión, cómo hemos adquirido los que ya tenemos.

Todo empieza por un sencillo acto muy fácil de asumir, para después ir volviendo a él. Un hábito implica tiempo y repetición hasta que se ejecuta de manera inconsciente.

Una vez adoptada, una costumbre forma parte de nosotros. Es algo que hacemos de modo inconsciente, como si estuviera dentro de nuestra propia naturaleza. Por ello, deshacernos de un hábito nos cuesta tanto como si nos desprendiéramos de una parte de nuestra personalidad. Más adelante responderemos la pregunta del millón: ¿Por qué nos cuesta tanto?

La grandeza de los pequeños cambios

James Clear calcula en su libro que una mejora del 1 por ciento cada día supone que serás treinta y siete veces mejor al final del año. Los hábitos actúan de manera acumulativa en tu favor o en tu contra. Un pequeño logro de un día, mantenido en el tiempo, crea valor a largo plazo.

Pone como ejemplo un avión que vuela de Los Ángeles a Nueva York. Si se desplazara 3,5 grados de su ruta inicial, es decir, menos del 1 por ciento, acabaría aterrizando en Washington.

Es un concepto difícil de apreciar en la vida cotidiana. A menudo descartamos pequeños cambios porque no parecen importar mucho en el momento. Los resultados nunca parecen llegar rápidamente, por lo que recuperamos nuestras rutinas anteriores.

Este lento ritmo de transformación también facilita que vuelvas a caer en los viejos hábitos nocivos. Si comes una comida saludable hoy y la báscula no se mueve mucho, puedes pensar que nunca lograrás perder peso.

En el camino, que no es lineal, muchas veces nos desilusionamos. Puedes estudiar un idioma una hora cada día y desesperarte porque parece que no avanzas. Si vas al gimnasio tres días por semana, al cabo de un mes puede que no hayas notado nada.

Si bien el resultado de un día, una semana o un mes puede aparentar ser insignificante, a lo largo de la vida sí que es significativo. Un ejemplo negativo sería sumar calorías extras a diario. Según un estudio realizado por el *Journal of the American Medical Association*, un exceso de 370 calorías por día supone aumentar 16 kilos en 28 años.

■ Sustituye y vencerás

Entonces ¿es posible cambiar? Por supuesto, pero con paciencia y esfuerzo. Según James Clear, el autor de *Hábitos atómicos*, al que ya nos hemos referido, los malos hábitos son consecuencia del aburrimiento y del estrés, desde morderse las uñas hasta perder horas en internet.

La manera de deshacernos de ellos, como ya anuncié dos capítulos atrás, es *sustituyendo ese hábito por otro más saludable*, no eliminándolo, porque cada uno tiene una razón de ser. Cada una de estas rutinas satisface una necesidad de nuestra vida; por eso deben ser sustituidas por otras más saludables. Todo lo que hacemos comporta algún tipo de beneficio, por mínimo que sea: por ejemplo, comprobar constantemente el correo nos mantiene conectados a los demás, aunque dinamite nuestra productividad.

Este mismo autor propone un plan de acción para cambiar los malos hábitos por otros mejores:

1. *Elige un sustituto para tu mal hábito.* Si cada hábito cubre una necesidad, deberás encontrar su versión saludable para sustituirlo. Por ejemplo, morder una zanahoria fresca en lugar de fumar o comer chocolate de forma compulsiva.
2. *Elimina los accionadores.* Siempre hay un gatillo que dispara el hábito. En el caso del tabaquismo, uno de ellos puede ser el encuentro con otros fumadores. Al menos en la primera fase, se debe evitar su presencia en la medida de lo posible.
3. *Une tus fuerzas a alguien más.* Siempre habrá alguien dispuesto a dejar una costumbre nociva, y es mejor y más divertido celebrar los triunfos acompañado.
4. *Rodéate de gente que vive como a ti te gustaría vivir.* No abandones a tus viejos amigos, pero permítete hacer nuevos que tengan esos hábitos que admiras. Como decía el conferenciante Jim Rohn, *«eres la media de las cinco personas con las que pasas más tiempo».*
5. *Visualízate triunfando.* Construye esa nueva identidad en tu mente para que la sientas como natural cuando se haga realidad. Así no supondrá un shock tan grande.

6. *No hay que ser alguien nuevo, sino volver al viejo yo.* Hubo un momento en que no practicábamos ese hábito perjudicial, así que solo debemos volver a ser los de antes.

7. *Prepárate para el fracaso.* Todo el mundo, incluso los genios, fracasa unas cuantas —o muchas— veces antes de lograr su objetivo.

Todos podemos cambiar si avanzamos con paciencia, procurando movernos cada día en la misma dirección. Cada paso nos acerca un poco más a nuestra meta, porque como dijo ya en el siglo XIX el dramaturgo Charles Reade:

> Siembra un acto y cosecharás un hábito.
> Siembra un hábito y cosecharás un carácter.
> Siembra un carácter y cosecharás un destino.

▪ ¿Por qué es tan difícil cambiar?

Casi todo el mundo se plantea nuevos propósitos al terminar el año y con el inicio del nuevo curso, pero la tasa de éxito es verdaderamente baja: menos del 10 por ciento logra lo que se había propuesto, según la mayoría de las estadísticas. ¿A qué es debido?

Jory MacKay, editor del blog RescueTime, señala los errores más comunes que hacen fracasar los intentos de revolución personal:

· *Enfocarnos demasiado en el objetivo final.* Es contraproducente poner toda nuestra energía en buscar la ruta más rápida hacia nuestro objetivo, en lugar de comenzar poco a poco y desarrollar los buenos hábitos.

· *Asumir demasiadas cosas a la vez.* Cuando desarrollas buenos hábitos, tener demasiadas metas te da una excusa fácil para posponer los comportamientos que estás tratando de convertir en rutina.

· *Aplazar el inicio.* La procrastinación no solo nos impide avanzar de forma significativa, sino que además puede frustrar totalmente la implementación de nuevas costumbres.

- *Crear una fecha límite, no una rutina.* Cuando estableces un *deadline* para implantar el nuevo hábito, preparas el terreno para el fracaso y la decepción si no lo cumples. Es mucho mejor comprometerse con un horario, con una rutina. Por ejemplo: hacer ejercicio los lunes, miércoles y viernes. O escribir quinientas palabras cada día del libro que tienes entre manos.

- *No estar lo bastante entusiasmado con la recompensa.* Para construir un hábito sólido y duradero, el cerebro necesita esperar y anticipar la recompensa. Cualquiera que sea tu recompensa, ya sea la avalancha de endorfinas del ejercicio o el orgullo de publicar, piensa en ello con regularidad para mantener la motivación y la emoción.

La rutina de un genio del violín

Muchos consideran a Jascha Heifetz como el mejor violinista que haya existido jamás. Nacido en 1901, el niño prodigio ruso recorrió gran parte de Europa en su adolescencia. Al llegar a Nueva York a los diecisiete años, se convirtió en una sensación después de su debut en el Carnegie Hall ese mismo año.

Heifetz practicaba vigorosamente para mantener su nivel en cada actuación. Una vez dijo: *«Si no practico un día, lo sé; dos días, los críticos lo saben; tres días, el público lo sabe».* Incluso alguien con un talento extraordinario como Heifetz necesitaba del poder del hábito constante para mantener su forma de tocar el violín.

■ Cirugía de los hábitos

Tal como estamos viendo, la creación o transformación de un hábito no es algo rápido, sino que se basa en la rutina y necesita su tiempo. La pregunta es: ¿cuánto tiempo debe pasar desde que empezamos a incorporar una costumbre hasta que esta se convierte en casi un acto reflejo, algo que hacemos sin pensar en ella?

Durante muchas décadas se asumió como válida la postura del doctor Walter Maltz, un cirujano plástico americano que se hizo célebre en los años cincuenta. Observó que, cuando practicaba una operación, los pacientes tardaban cerca de veintiún días en asimilar su nuevo cuerpo: por ejemplo, durante tres semanas, los pacientes amputados seguían sintiendo un miembro inexistente.

Esto hizo plantearse al doctor Maltz el tiempo que tardamos en asimilar una nueva situación, y situó ese proceso en el umbral de los veintiún días. Este descubrimiento lo puso por escrito en su libro *Psicocibernética*, publicado en 1960, donde declaraba que para disolver una vieja imagen y asimilar una nueva se tarda un mínimo de veintiún días.

El libro fue un éxito de ventas, con más de treinta millones de ejemplares vendidos, lo cual provocó que el gran público asimilara esta idea. Ayudó a afianzarla el hecho de que Maltz se rodeara en las décadas siguientes de gurús de la autoayuda como Zig Ziglar o Tony Robbins.

Se repitió entonces hasta la saciedad que los humanos eran capaces de cambiar sus hábitos, y su vida, en solo tres semanas. ¿Quién no querría modelarse a sí mismo en solo tres semanas con resultados visibles para toda la vida? Así, esta idea tan atractiva se extendió por el mundo. Y como una pseudoverdad repetida mil veces se convierte en verdad, todo el mundo lo creyó.

■ Entonces ¿cuánto se tarda en cambiar un hábito?

En el año 2010, la doctora Phillippa Lally, tras coordinar a un equipo de investigadores, publicó un estudio llamado *How are habits formed: Modeling habit formation in the real world* en la revista *European Journal of Social Psyhology*. Este estudio contó con 96 participantes que, durante doce semanas, eligieron una conducta relacionada con alimentación y bebida saludable o con un determinado ejercicio que quisieran convertir en hábito.

Entre estas actitudes deseables estaban: tomar una pieza de fruta durante las comidas, beber una botella de agua en el almuerzo o correr quince minutos antes de la cena. Tendrían que realizar la acción seleccionada durante 84 días e informar de hasta qué punto la habían sentido automatizada, lo cual indicaría la fortaleza del hábito creado.

Partiendo de la hipótesis de que la repetición sería clave para la formación del hábito escogido, tras analizar los datos, obtuvieron unos resultados bastante alejados de los propuestos en 1960 por Walter Maltz. Los resultados fueron que *la media para automatizar un hábito es de 66 días*, oscilando según los individuos entre picos extremos de 18 a 254 días.

Eso deja los resultados lejos de los propuestos por Maltz, pasando de 21 días a 66 para que el acto pase a ser natural. Es un aumento considerable, de tres semanas a más de dos meses, si ocupamos la parte media del espectro, pero ¿qué son dos meses para cambiar una vida?

Te propongo que experimentes contigo mismo y que te fijes un hábito beneficioso que quieres incorporar en tu vida. Anota los días seguidos que necesitas para que se convierta en parte de ti y sabrás cuánto necesitas para dar la forma deseada a tu vida.

■ Los otros

Cuando requieras una motivación extra para ser constante con un hábito o conseguir un determinado objetivo, ayúdate del poder de los otros. Ya que somos seres sociales, usemos esta presión en positivo. Es fácil ponernos excusas o inventarnos explicaciones cuando solo nos las debemos a nosotros mismos, pero si me he comprometido con otra persona, me costará más romper la promesa.

Busca a alguien en quien confíes, a quien además admires y valores. Puede ser tu pareja, un amigo, un colega del trabajo, alguien a quien no quieres fallar, al que no querrás confesar que te quedaste en el sofá o explicar por qué no has progresado. Alguien a quien deseas demostrar que puede confiar en ti y que sabes que te apoyará y animará cuando flaquees, que te hablará claro y no te abandonará fácilmente.

Así empecé a meditar a diario con mi amiga Leticia; nos comprometimos las dos a hacerlo durante un tiempo, y los días que estaba tentada a saltarme la sesión, pensaba en ella y en unos segundos ya estaba sentada.

Puedes incluso hacerlo público en tus redes o utilizar webs como www.stickk.com, una plataforma en la que estableces tu compromiso en línea y encuentras el apoyo de la comunidad. Además incluye la posibilidad de una penalización económica, dinero que puedes donar a una persona en concreto o a una ONG.

UN POCO DE SÍNTESIS

- La mayoría de los hábitos se activan de manera automática, sin que seamos conscientes de ello.

- Cuando hacemos algo diariamente, no vemos el resultado de forma inmediata, pero al cabo del tiempo lograremos un gran cambio.

- Una mala costumbre debe sustituirse por otra de signo positivo, ya que obedece a una necesidad.

- Actualmente se sabe que cambiar un hábito puede llevar de media 66 días, no tres semanas como se creía antes.

- El tener que responder ante otras personas a las que admiramos nos motivará para incorporar un hábito a nuestra vida.

TU AGENDA TIME MINDFULNESS

Tu mejor aliada

Ahora que nos acercamos al final, con todo lo aprendido vamos a diseñar una agenda a nuestra medida, alineada con nuestras prioridades y no según los requerimientos de los demás. Nos aseguraremos de que todo lo que es importante para nosotros tenga un tiempo asignado, no solo las actividades que nos van a ayudar a cumplir nuestros objetivos materiales, sino también aquellas que nos harán sentirnos satisfechos y en paz al final del día.

Tu agenda TM será tu mejor aliada, porque tu tren viajará encarrilado hacia su destino.

¿Te parece demasiado bonito? Basta con tomar conciencia de que *tu tiempo es tuyo*. Deja de verlo como algo etéreo e intangible. Tienes que respetarlo, cuidarlo y protegerlo como merece.

El empresario y escritor Charles Buxton advertía: *«Nunca encontrarás tiempo para nada. Debes crearlo»*. Si quieres que algo ocurra, tiene que estar en tu agenda. Lo que no está en ella, no existe.

■ Antes de empezar

Cada uno de nosotros somos diferentes y nuestra agenda será el reflejo de nuestra personalidad y de la etapa vital en la que nos encontremos. Tal vez la llenaremos con citas, recordatorios de las citas, colores y dibujos; o quizá estará prácticamente vacía. Cualquier opción será adecuada si es consciente y escogida por ti.

Antes de empezar, conviene tener en cuenta las siguientes consideraciones:

- *Decide si vas a utilizar formato papel o digital.* Ambos tienen ventajas e inconvenientes. Dependerá de tus preferencias y también de tus necesidades, si trabajas desde un único lugar o si tienes que compartirla.

- Puesto que vida no hay más que una, *integra en tu agenda tanto las obligaciones personales como las de trabajo.* Aun cuando no tengas jornada flexible, los límites siempre son difusos. Planifica incluso las tareas del hogar y las compras.

- *Las actividades deben tener una duración determinada.* Marca no solo el tiempo de inicio, sino también el de finalización. Ser realista con el tiempo y calcular con precisión cuánto te llevará una tarea es una de las habilidades más necesarias para una buena gestión de la agenda. El *tracking* de tu tiempo te dará muchas pistas, presta atención a partir de ahora. Hasta que no lo domines, es mejor que calcules por exceso.

- Ten en cuenta que *ha de haber un tiempo de transición entre cada tarea.* Gracias a estos paréntesis —limpiar tu escritorio y clasificar documentos no te llevará más de tres minutos— harás algo fundamental: acabar con una cosa y ponerla en su sitio antes de empezar la siguiente. Mirar las redes sociales no vale como transición.

- *Calcula los tiempos de los desplazamientos* con un poco de holgura y aprovéchalos para hacer algo más, siempre de forma consciente, aunque sea no hacer nada.

- *Divide las horas en fracciones no menores de quince minutos.* Cada minuto cuenta, pero una división inferior puede resultar farragosa.

- *Programa tus descansos, no solo el del almuerzo.* Recuerda la pausa activa. No eres una máquina, por lo que has de reservar tiempos a lo largo del día para un estiramiento rápido, caminar o descansar tus ojos. Tu capacidad de atención mejorará, no es tiempo perdido.

- *Añade espacios libres de quince o veinte minutos* a mitad de la mañana y de la tarde para tener tiempo de recolocar y ajustar tareas. Siempre habrá imprevistos y actividades que se nos han ido de las manos.

- *Revisa tus compromisos actuales* antes de incluirlos en la agenda. Ten presente siempre el vivir simplemente.

■ Comienza con tu ritual matutino o... vespertino

Podrías pensar que la agenda empieza por la mañana, pero en verdad todo se inicia en el momento en que te metes en la cama el día anterior. Tu ritual al final del día, aunque no se hable tanto de él, es igual de importante que el del comienzo. La calidad de tu descanso tiene beneficios para tu salud, rendimiento físico y mental, es decir, para tu bienestar en general.

Programa la hora a la que te metes a la cama, ya vimos los efectos negativos de no mantener unos horarios regulares. Una temperatura agradable para la habitación y una luz tenue crearán el entorno adecuado. Acuérdate de desconectar cualquier pantalla unas horas antes. El teléfono se carga fuera de la habitación, la ropa para hacer ejercicio se deja cerca de la cama, al igual que una lectura en papel.

Levántate con tiempo suficiente para no empezar el día corriendo, para evitar ya desde la mañana la sensación de falta de tiempo. Es mejor meterte diez minutos antes en la cama que retrasar el despertador diez minutos y comenzar el día arrastrándote.

Define tu propio ritual matutino. Normalmente debería incluir ejercicio, que será más suave o intenso según nuestros biorritmos, así como meditación y un poco de lectura. Si te cuesta meditar por las mañanas, regálate al menos diez minutos de reflexión: da las gracias por todo lo que has conseguido, por tu familia y amigos, por tu salud, por la casa en la que vives, por tu trabajo. Y empieza a pensar en tus objetivos para ese día.

En lugar de leer las noticias del mundo, si has destinado un tiempo de lectura, elige que esta sea motivadora e inspiradora para no empezar el día lleno de negatividad.

Alimentación y ejercicio

Muchas veces, tu sensación de falta de tiempo se debe al puro agotamiento y a la falta de energía. A veces nos sentimos cansados solo porque estamos ligeramente deshidratados, y comemos cuando deberíamos beber agua. En cualquier caso, debe seguirse una alimentación consciente, prestando atención a lo que comemos, con alimentos reales y no procesados, y a la moderación. Ten presente el 80 por ciento del que nos hablaron los centenarios de Ōgimi.

Una dieta equilibrada y sana, junto con la práctica de ejercicio, mejora el bienestar y también la productividad.

Como Wendy Suzuki, profesora de Neurociencias en la Universidad de Nueva York, explica en su libro *Cerebro activo, vida feliz*, el ejercicio incrementa neurotransmisores como la serotonina, la noradrenalina o la dopamina, tan importantes para el estado de ánimo. La mejora en el funcionamiento del hipocampo comporta beneficios también para la imaginación. Su equipo de investigadores demostró que, cuando uno empieza a hacer deporte, mejora su habilidad para la concentración y adaptación y se vuelve más creativo.

Igual de importante es el combustible que le damos a nuestro cuerpo. Hay que prestar atención a lo que nos pide y no caer en la trampa fácil del azúcar o de un exceso de cafeína que acabarán en más fatiga.

Esto no significa renunciar de vez en cuando a un *fika*, como llaman los suecos a la pausa del café, convertida en toda una institución social. Es un tiempo para compartir, conectar y relajarse con los colegas, durante el cual muchas veces surgen grandes ideas.

▪ Incorpora tus objetivos a tu agenda

En capítulos anteriores hemos visto la importancia de reflexionar sobre *quién quieres ser y cómo quieres vivir*, y cómo esta visión personal te permitirá determinar tus prioridades.

Pero, debido a nuestra falta de atención, es fácil que nos perdamos por el camino y que nuestras acciones diarias no guarden conexión con lo que es esencial.

Si quieres hacer realidad tus metas, tendrás que desglosarlas y fijar tus objetivos semanal y diariamente.

Establécelos en todas las áreas de tu vida que quieras mejorar, no solo en el trabajo, sino también en relación con la salud, familia y amigos. Deben ser claros, específicos y realistas. Haz todo lo posible por cumplirlos, empezando por escribirlos en tu agenda.

Define las actividades que te llevarán a alcanzarlos y reserva el bloque de tiempo necesario. Todos los objetivos deben corresponderse con actividades. Si no incluyes al menos una actividad para cada uno de ellos, no vas a cumplirlos y te perderás en distracciones que no te aportarán nada. Aquí tienes algunos ejemplos:

- *Quiero que mis hijos se sientan queridos y que crezcan sanos.* Eso puede implicar pasar más tiempo juntos a diario, ayudarlos en sus tareas e involucrarlos en las labores de la casa. Por ejemplo: cocinar y cenar juntos en casa seis días a la semana, y hacer un plan para toda la familia que tenga lugar al aire libre durante el fin de semana.
- *Quiero pasar más tiempo con mis amigos.* Programar juntos una actividad una vez al mes, hablar por teléfono una vez a la semana. Sí, también tiene que estar en la agenda. Apúntalo, como también el día en que vas a comprar las entradas de un concierto. ¡Recuerda el anuncio de Ruavieja!
- *Quiero trabajar por mi comunidad.* Tendrás que elegir un lugar en el que hacer voluntariado una vez a la semana y, por ejemplo, donar ropa dos veces al año.
- *Quiero mantener mi cartera de clientes.* Este objetivo implicaría elaborar informes trimestrales de seguimiento sobre su situación. Esto comporta siete informes a la semana, que de media se llevan dos horas cada uno, suponiendo tres horas por día laboral.

Después de haber determinado las actividades clave, incorpora el resto de las tareas a lo largo de la jornada. Alterna las que precisen más concentración con otras más ligeras, dejando las que menos esfuerzo requieran para cuando tus niveles de energía estén más bajos, según tu cronotipo.

La técnica Pomodoro

Inventada a principios de los años noventa por el empresario Francesco Cirillo, esta técnica puede ayudarte a mejorar tu capacidad de atención y concentración. Su metodología es simple: divide el tiempo de trabajo en intervalos cortos y cronometrados de 25 minutos (llamados «Pomodoros» por el temporizador con forma de tomate que usaba Cirillo en su época de estudiante universitario), separados por breves interrupciones para el descanso de cinco minutos. Y cada cuatro Pomodoros tómate un descanso más largo.

Así entrenarás a tu cerebro para que se concentre por periodos cortos, si bien puedes alargarlos según tu capacidad de concentración. Lo importante es que no haya distracciones durante esos periodos y que tomes descansos regulares.

■ Autorreflexión

Al final del día realiza un pequeño ejercicio de revisión. Haz este chequeo personal:

- ¿He logrado hoy todo lo que me proponía?
- ¿He respetado la diferencia entre el trabajo y el descanso? ¿He hecho ejercicio? ¿Qué puedo hacer desde mañana para ser más eficiente y tener una vida más equilibrada?
- ¿Cuál es el objetivo número uno de mañana? Si ya tienes planificado el día siguiente, revísalo —incluso a varios días vista—. Establece los ajustes que sean necesarios. Descansarás mucho mejor y empezarás tu trabajo sin tener que decidir, sabiendo lo que tienes que hacer.

Una vez por semana, revisa qué ha quedado pendiente. Si se repite semana tras semana, elimínalo o adapta tu objetivo. Toma un poco de distancia para tener una buena perspectiva de tu progreso y dirección, entendiendo qué está funcionando y qué no.

Serán cinco minutos con un claro efecto multiplicador.

¿Qué impacto ha tenido mi día en mí o en los demás?

Para el bloguero Tim Denning, medir únicamente las tareas que ha completado le deja con sensación de vacío al final del día. Por ello añade dos preguntas más a la reflexión:

1. *¿Aprendí algo nuevo hoy?* La mayoría de las personas evitan aprender todos los días y reemplazan este hábito de crecimiento por distracciones vacías. El aprendizaje es difícil y a menudo tedioso, pero permite desarrollar habilidades que procuran nuevas oportunidades que, de otra manera, no habrían sido posibles.

2. *¿Ayudé o inspiré a una persona hoy?* Tu lista de tareas pendientes no será recordada dentro de unos años, pero sí el impacto que has tenido en la vida de los demás.

▪ Sé flexible

Aunque tengas tu día meticulosamente planeado y una técnica a prueba de procrastinadores, siempre ocurren imprevistos en forma de problemas familiares, enfermedades, atascos, aviones o citas que se retrasan, visitas inesperadas o informes urgentes.

La vida misma que se empeña en romper tus planes.

Cuando las cosas no te salgan como habías planeado, una mente flexible te ayudará a aceptar la nueva situación sin quedarte estancado en la frustración o el enfado porque algo no ha salido como esperabas.

Te ahorrará un montón de tiempo y energía, pero es una habilidad que debe practicarse. No hay que pensar en absolutos; hay que relativizar, soltar las expectativas y estar abierto al cambio. Utilizar la creatividad y desarrollar distintos estilos de trabajo te permitirá seguir ahorrando tiempo en medio de la adversidad.

En esas horas que pasas tirado en el aeropuerto con una señal de wifi horrible podrás hacer una revisión de tus objetivos y detectar qué no está funcionando, acabar ese informe del que llevas huyendo desde hace tres semanas, incluida la presentación de PowerPoint (si no eres miembro del APPP), o esa entrada a tu blog que se te atraganta una y otra vez.

A veces se trata de trabajar a deshoras, cuando nadie lo hace. Notarás cómo tu tiempo se estira e incluso podrás tomarte días libres a mitad de la semana.

Cuando empecé a vivir en Londres, me quejaba mucho si tenía que trabajar en domingo. Pero lo cierto es que, entre semana, los museos, las galerías y las tiendas están menos concurridos y puedes encontrar mejores precios para todo.

Si eres flexible y positivo, siempre sabrás encontrar el lado bueno de todo lo que suceda.

UN POCO DE SÍNTESIS

- El tiempo no se «encuentra», se crea.

- Una agenda TM empieza por un buen descanso para iniciar el día en condiciones óptimas.

- El deporte y una buena alimentación deben tener también su lugar en la agenda, ya que inciden en la calidad de nuestro tiempo.

- Todo objetivo en la agenda debe ir asociado a una actividad concreta.

- Al final del día, resulta muy iluminador hacer un ejercicio de revisión.

- La flexibilidad te permitirá transformar cualquier contratiempo en una inesperada oportunidad.

Y AHORA... HAZLO

Para terminar y empezar

Las doce de la noche es al mismo tiempo el final de un día y el principio del siguiente. A lo largo de estos veinticuatro capítulos nos ha acompañado un reloj muy especial que ha marcado las horas del primer día de tu nueva vida. Aquí terminan, y *aquí también empieza todo.*

Hemos compartido herramientas para convertir tu agenda en tu aliada. Hemos aprendido a optimizar el tiempo con técnicas de productividad para cumplir nuestros objetivos, pero no a costa de nuestra felicidad ni dejando de lado nuestra salud o nuestras relaciones, sino manteniendo el equilibrio necesario entre llegar a la meta y disfrutar del camino.

Si perdemos ese equilibrio, sabremos darnos cuenta de lo que pasa y hacer un alto en el camino para que, desde la serenidad, surjan soluciones creativas que pongan de nuevo nuestro tren en marcha. Hemos entendido que, prestando atención y siendo conscientes del valor de cada minuto, podemos identificar distracciones, evitar fugas y encontrar tiempo para las cosas verdaderamente importantes.

Y ahora... *hazlo.*

Cuando iba al instituto leí una novela de Michael Ende llamada *Momo.* Para terminar este libro quiero rescatar un fragmento en el que también se habla de un reloj muy especial:

> Momo recorrió con una mirada la sala y preguntó:
>
> —Para eso tienes tantos relojes, ¿no? ¿Uno para cada hombre?
>
> —No, Momo. Esos relojes no son más que una afición mía. Solo son reproducciones muy imperfectas de algo que todo hombre lleva en su pecho. Porque al igual que tenéis ojos para ver la luz, oídos para oír los sonidos, tenéis un corazón para percibir, con él, el tiempo. Y todo el tiempo que no se percibe con el corazón está tan perdido como los colores del arcoíris para un ciego o el canto de un

pájaro para un sordo. Pero, por desgracia, hay corazones ciegos y sordos que no perciben nada, a pesar de latir.

Sea cual sea el momento de tu vida en que te encuentres, es el momento perfecto, porque también es el único que existe. Tu pasado no tiene por qué definir cómo va a ser tu gestión del tiempo en el futuro.

A partir de ahora, con TM, vivirás cada minuto desde el corazón.

UN POCO DE SÍNTESIS

· El mejor momento para empezar tu nueva vida es ahora.

LAS 12 LEYES DEL TIEMPO

El tiempo es la divisa más fuerte del mundo

Puedes vender tu tiempo a cambio de dinero o de cosas, pero ni con todo el oro del mundo puedes recuperar una hora perdida. Por eso, tener tiempo es un lujo mucho mayor que poseer el reloj más caro del mundo.

La atención plena estira el tiempo

Aunque cuando estamos disfrutando intensamente de la vida parece que «el tiempo vuela», la experiencia permanece para siempre en la mente y en el corazón. Volcarnos en lo que hagamos con la pasión de un niño, como si fuera la primera vez, es un pasaje a la eternidad.

Una pausa activa es una excelente inversión

Para llenarnos de ideas y proyectos nuevos, necesitamos darles un espacio, y eso resulta imposible si siempre estamos corriendo de una urgencia a la siguiente. Una parada para reflexionar e inspirarnos acaba dando mejores dividendos que la acción por la acción.

Tus prioridades son las estrellas que marcan tu rumbo

Decía Séneca que «ningún viento es favorable para quien no sabe adónde va» y ese es el peligro de vivir sin tener claras nuestras prioridades. Se puede acabar dilapidando el tiempo en cosas secundarias sin dar un sentido profundo a nuestra existencia.

5

Lo importante requiere más atención que lo urgente

Lo que etiquetamos como «urgente» es importante para otros, pero no para uno mismo. Has de priorizar lo que es importante para ti. Quien gestiona su tiempo con sabiduría no se deja atrapar por el anzuelo de las urgencias.

6

Aplazar es una vía segura al fracaso

Hay muchas maneras de procrastinar: desplazar los planes de la agenda, poner excusas para no cumplir, incluso anestesiarnos con pantallas en vez de llevar a cabo lo que deberíamos estar haciendo. Mañana es una palabra vacía de significado.

7

Detener a los ladrones de tiempo evitará que te roben la vida

Las redes sociales, los compromisos innecesarios, las interrupciones y otros forajidos saquean minutos, horas y días enteros sin que a veces seamos conscientes. También nuestra propia mente, cuando la cargamos de pensamientos negativos, nos roba el placer de vivir.

8

Mejor hacerlo que anotarlo en una lista

Hacer listas puede ser otra forma de aplazar, especialmente cuando algo puede hacerse ahora mismo. Vivir en la acción en lugar de en la intención da valor a cada hora y nos conduce de la esperanza a la experiencia.

Simplifica y ganarás tiempo

Poseer muchas cosas materiales, responsabilidades y obligaciones se paga con los latidos de la vida, ya que requiere un esfuerzo y una vigilancia constantes. Hay que «descomplicar» la existencia para poder gozarla.

Cada «no» que das es un «sí» a todas las demás opciones

Ser asertivo es preservar el tiempo, ya que cada cosa que hacemos por los demás dejamos de hacerla por nosotros. Sin llegar al egoísmo, encontrar un equilibrio entre el servicio al mundo y el respeto por uno mismo es la clave de un buen uso del tiempo.

La dispersión empobrece el tiempo

El *multitasking* nos procura la ilusión de que estamos en muchos sitios, pero en realidad no estamos plenamente en ninguno de ellos. Además de ser agotador para la atención, emprender varias cosas al mismo tiempo nos impide poner el foco en lo verdaderamente esencial.

El valor del tiempo depende de su calidad

Una hora vivida con plenitud deja más huella que un año de distracciones insustanciales. No importa lo que te quede por vivir, sino lo que vas a hacer con tu tiempo.

Bibliografía

Achor, Shaun, *La felicidad como ventaja*, RBA Libros, 2011.

Allen, David, *Organízate con eficacia*, Empresa Activa, 2015.

Bachrach, Estanislao, Ágilmente, Conecta, 2015.

Brooks, Jennifer, *La magia de la meditación zen,* Createspace, 2013.

Clear, James, *Hábitos atómicos,* Paidós Ibérica.

Covey, Stephen R., *Los 7 hábitos de la gente altamente efectiva,* Paidós, 2015.

Crook, Christina, *The Joy of Missing Out: Finding Balance in a Wired World,* New Society, 2015.

De Saint-Exupéry, Antoine, *El principito*, Salamandra, 2000.

Eggers, Dave, *El círculo,* Literatura Random House, 2014.

Eker, T. Harv, *Los secretos de la mente millonaria,* Sirio, 2011.

Ende, Michael, *Momo,* Alfaguara, 2002.

Ferriss, Tim, *La semana laboral de cuatro horas,* RBA Libros, 2008.

García, *Héctor y Francesc Miralles, Ikigai: Los secretos de Japón para una vida larga y feliz,* Urano, 2016.

Kellner, Hedwig, *El arte de decir no,* Obelisco, 2005.

Kruse, Kevin, *15 Secrets Successful People Know About Time Management,* The Kruse Group, 2015.

Kundera, Milan, *La vida está en otra parte,* Tusquets Editores, 2014.

Lao Tse, *Tao Te Ching,* Edaf, 2018.

Morgenstern, Julie, *Time Management from the Inside Out,* Holt Paperbacks, 2004.

Pascual, Andrés, *El viaje de tu vida,* Plaza & Janés, 2016.

Reyes, Mario, *Las tres cosas que te quedan por hacer,* Obelisco, 2016.

Riso, Walter, *Cuestión de dignidad: aprenda a decir no y gane autoestima siendo asertivo,* Granica, 2004.

Scaraffia, Giuseppe, *Los grandes placeres,* Periférica, 2015.

Schwartz, Barry, *The Paradox Of Choice: Why More Is Less,* HarperCollins, 2018.

Sharma, Robin, *El club de las cinco de la mañana,* Grijalbo, 2018.

Smolinski, Jill, *Lo siguiente en mi lista,* Ediciones B, 2011.

Sólyom, Anna, *Pequeño curso de magia cotidiana,* Libros Cúpula - Timun Mas, 2018.

Suzuki, Wendy, *Cerebro activo, vida feliz,* Paidós Ibérica, 2015.

Artículos y enlaces de interés
(entre otros mencionados en el libro):

Adobe Marketing Insights & Operations, *Adobe Consumer Email Survey Report 2017*.

Babauta, Leo, *My Most Important Productivity Method*, <https://zenhabits.net>.

Center For Human Technology, <*www.humanetech.com*>.

Demelo, Juno, «Precrastination: When the Early Bird Gets the Shaft», *The New York Times*

Denning, Tim, «The Most Important Way to Measure Your Day», <https://medium.com/the-ascent>.

Dooley, Ben y Eimi Yamamitsu, «In Japan, It's a Riveting TV Plot: Can a Worker Go Home on Time?», *The New York Times*

Kiener, Maximilian, «Why Time Flies», <*www.maximiliankiener.com*>.

Lally, Phillippa, *How are habits formed: Modelling habit formation in the real world*, European Journal of Social Psychology.

Mackay, Jory, *Productivity in 2017: What we learned from analyzing 225 million hours of work time & How to build good work habits (and finally get rid of your bad ones)*, RescueTime blog.

Ruiz, Rebecca, «Labor of Love app aims to ease women's 'mental load' by turning household chores into a game», <www.mashable.com>.

Santaolalla, Javier, *Date un Voltio, Date un Vlog, y Date un Mi*, YouTube.

Shellenbarger, Sue, «The Biggest Office Interruptions Are...», *The Wall Street Journal*.

University College London en Europa, Estados Unidos y Australia, «Long working hours and risk of coronary heart disease and stroke: a systematic review and meta-analysis of published and unpublished data for 603.838 individuals», *The Lancet*.

Westervelt, Amy, «The Surprising Benefits of Relentlessly Auditing Your Life», *The New York Times*.